西方语言学教材名著系列

Language in Children

儿童的语言

〔美〕伊芙·薇薇安·克拉克（Eve V. Clark） /著

乐 耀　曹华承 /译

著作权合同登记号　图字：01-2022-4211
图书在版编目(CIP)数据

儿童的语言 / (美) 伊芙·薇薇安·克拉克著；乐耀，曹华承译. —— 北京：北京大学出版社，2024.9. —— (西方语言学教材名著系列). —— ISBN 978-7-301-35635-7

Ⅰ. H003

中国国家版本馆CIP数据核字第2024JD7211号

Language in Children by Eve V. Clark
ISBN: 978-1-138-90607-5
Copyright© 2017 by Eve V. Clark, published by Routledge
Authorized translation from English language edition published by Routledge, a imprint of Taylor & Francis Group LLC. All rights reserved.
Peking University Press is authorized to publish and distribute exclusively the Chinese (Simplified Characters) language edition. This edition is authorized for sale throughout Mainland of China. No part of the publication may be reproduced or distributed by any means, or stored in a database or retrieval system, without the prior written permission of the publisher.
Copies of this book sold without a Taylor & Francis sticker on the cover are unauthorized and illegal.

本书中文简体翻译版授权由北京大学出版社独家出版并限在中国大陆地区销售。未经出版者书面许可，不得以任何方式复制或发行本书的任何部分。
本书封面贴有Taylor & Francis公司防伪标签，无标签者不得销售。

书　　　名	儿童的语言 ERTONG DE YUYAN
著作责任者	〔美〕伊芙·薇薇安·克拉克（Eve V. Clark）著 乐　耀　曹华承　译
责任编辑	崔　蕊
标准书号	ISBN 978-7-301-35635-7
出版发行	北京大学出版社
地　　　址	北京市海淀区成府路205号　100871
网　　　址	http://www.pup.cn　新浪微博：@北京大学出版社
电子邮箱	zpup@pup.cn
电　　　话	邮购部 010-62752015　发行部 010-62750672　编辑部 010-62754144
印　刷　者	大厂回族自治县彩虹印刷有限公司
经　销　者	新华书店
	650毫米×980毫米　16开本　13.25印张　170千字 2024年9月第1版　2024年9月第1次印刷
定　　　价	58.00元

未经许可，不得以任何方式复制或抄袭本书之部分或全部内容。
版权所有，侵权必究
举报电话：010-62752024　电子邮箱：fd@pup.cn
图书如有印装质量问题，请与出版部联系，电话：010-62756370

中译本序一

李爱军　中国社会科学院语言研究所

  乐耀在大家心目中，一直在句法语义和功能语言学领域深耕。但他在中国社会科学院语言研究所跟沈家煊先生做博士后研究期间，就参与了语音实验室的儿童语言习得项目，并尝试设计汉语儿童的行为实验，来考察动词和名词范畴的习得机制。尽管这项研究没有最终实施，但从那个时候起，他就与儿童语言习得研究结下了不解之缘。

  这次他带领他的学生曹华承翻译 Eve Vivienne Clark 教授的 *Language in Children* 这本书，并不意外。书名虽然体现的是关于儿童语言的研究，但书中内容或者特色却是强调儿童语言习得中的言语互动交际功能。因此，不难理解乐耀为何青睐这本书，把它翻译推介给国内的读者，我想没有谁比他们更适合翻译这本书了。

  Clark 教授在这本专著中，以语言作为一种交际工具为重要抓手，讨论了儿童如何通过社交互动学习和使用语言，以及这一过程中的认知和社会互动因素。这可以帮助我们理解语言习得的复杂性，以及儿童如何通过与周围环境和人际互动来构建语言能力。这一视角使得书中的内容不再局限于语言的形式结构，而是扩展到语言的功能和使用。

  Clark 教授在书中提供了许多有价值的见解。这些见解对于汉语儿童语言习得研究同样具有重要的启示。比如书中探讨了语言习得的普遍性与特殊性，普遍性规律如发音、词汇和语法的渐进性发展等。这些规律对汉语习得的研究也具有借鉴意义,比如如何借助这些普遍性原则分析汉语儿童在语言发展过程中面临的特定挑战,以及汉语语言结构的特殊性(如声调语调、词类范畴等)如何影响习得过程。

书中综合了多种关于儿童语言习得的理论,包括社会互动论、认知发展理论和语言生成理论等。反观汉语儿童语言的研究,结合互动语言学来研究汉语儿童语言认知发展还没有得到足够的重视,这本书的翻译为儿童语言互动研究吹响了冲锋号。赵元任在《汉语口语语法》(Chao,1968)中提出"主语的本质就是问话,谓语的本质就是答话""未经筹划的自然口语里,'零句'(minor sentence)是根本,'整句'(full sentence)由零句组成"等影响深远的观点。吕叔湘也提出"语言的主要用处是对话"。沈家煊明确指出印欧语语法以主谓结构为主干,汉语语法以对言格式为主干,对言语法和对言格式更接近语言的本性和本源。那么,对汉语儿童语言互动发展的研究,必定会扩大我们对这个本性和本源的认识,也会让我们进一步了解汉语儿童语言发展的普遍性和特殊性。

书中很多研究扩展了我们的认知。比如婴幼儿互动中的话轮,可以是非言语的多模态行为:"在这些早期的'交流'中,婴儿一方基本没有要表达的交际内容,大人会将孩子的微笑、注视、打嗝或者踢腿作为互动交际的一个回合,即'话轮'。"因此,对儿童语言的互动研究,从婴儿一落地就可以开展了。

我想这本书也值得推荐给那些准妈妈爸爸或者年轻的父母,为他们提供有科学水准的儿童语言发展指导。书中回答了所有父母关心的问题:儿童是从哪里学会的第一语言?儿童是如何开始习得语言的?儿童如何学习语言的形式——语音、词语、屈折变化、词的结构、词汇系统和句法结构——以及如何使用这些形式?儿童如何将形式和意义联系起来?作为家长,如何跟孩子沟通?怎么帮助孩子"搭脚手架"或建立交谈框架?在和儿童交流的时候会调整自己的语言来适应孩子吗？什么时候学习第二语言以及学习两种语言或者多种语言是否影响母语习得？Clark在书中强调语言习得受环境的影响，家庭、学校和社区所提供的语言环境对儿童语言发展至关重要。家长通过了解不同语言输入的质和量对儿童语言习得的影响，可以帮助他们采用更有效的语言互动策略。比如在1岁到1岁半，孩子的注意力会受到视野的限制，家长要善于发现孩子关注的东西，当教孩子说一个新词正好跟他们关注的时间吻合时，孩子会发现此时将词语的形式和初步意义匹配起来要相对容易一些。

这本书也值得推荐给做言语病理的医生、研究者和学生。书中详细描述了儿童语言发展的不同阶段，帮助我们更好地理解正常儿童在不同年龄阶段语言发展的特点和需要。例如，早期词汇获取、句法结构的掌握及语用行为的发展，尽管不是针对汉语，但许多都具有跨语言的普遍性，可以为针对不同阶段的特殊病理儿童的诊断、教育干预提供指导。家长也可以对比正常儿童言语行为，发现早期特殊儿童的异常行为。比如书中提到"到9～10个月大的时候，婴儿很容易参与到各种游戏互动中来，例如和大人来回传递玩具，或者轮流扮演躲猫猫的角色。在这之后不久，婴儿通常会尝试说出他们的第一批词语"。一些自闭症儿童家长回忆他们的孩子一岁以内也有躲猫猫行为，认为孩子早期很正常，但是殊不知这里提到的参与行为和轮流扮演角色的行为才是关键。

最后，这里也分享一下我们最近在汉语儿童语音研究中的一些成果。利用中国社会科学院大规模多模态儿童语音库（CASS-CHILD），我们初步考察了儿童与父母互动交际话语中复杂语调形式及其丰富的语用功能，列举了语调短语的后续叠加边界调的19类语用功能并给出了边界调的语音特征。通过感知实验，发现1岁多的儿童就能够对复杂的边界调的语用功能和其对应的词汇声调范畴进行编解码。儿童对复杂边界调中声调的产出和感知结果，揭示了汉语儿童对声调的学习应该利用具有声调最小对立对的词汇，比如"鱼"和"雨"放在一起学，也就是采用书中提到的"对比学习"的方法，并应该将这些词放在语调中进行学习。当目标词出现在句末边界位置，如"这张画是鱼（雨）。/？"，家长可以用多种语气来跟孩子互动，如陈述或疑问语气、强调语气、高兴语气等，这时候尽管边界调的变化更为复杂，但更有利于孩子对词汇及其声调范畴的习得。特别是对于一些新词，正如 Clark 教授在书中提到的，儿童可以将它们匹配到陌生的物体或者图片上，当我们用丰富的语调来传递这些信息时，更有利于儿童习得新词。

在互动节奏的发展中，父母用儿向语给孩子互动对话"搭脚手架"，也体现了父母儿向语的节奏与儿童语言的节奏模式具有同步发展的特点。儿童 5 岁时节奏模式出现了一个转折点，导致与父母（儿向语）节奏趋同的趋势，但即使儿童到了 7 岁，他们的节奏模式也还没有完全达到父母（儿向语）的水平。这一点也有跨语言的证据，运动技能不成熟会阻碍儿童以成年人的方式实现他们所获得的音系表征能力。

对儿童语言的研究要结合汉语的特点，采用互动语言学的视角构建自主的儿童语言学学科体系，做出中国学者应有的贡献。

中译本序二

高　军　　中国社会科学院语言研究所

Eve Vivienne Clark 教授的 *Language in Children*（《儿童的语言》）介绍了儿童母语获得需要关注的一些基本方面，并且介绍了一些儿童母语发展的里程碑事实，还列举了养育者和婴幼儿之间丰富的对话实例。该书既可以作为科研工作者的入门指南，也可以作为养育者的科普读物。

为什么研究者会关注儿童的母语获得？语言系统是非常复杂的，但典型发展的婴幼儿获得母语是"轻而易举"的。婴儿出生后，在短短两三年内，在没有接受专门的、系统的教授，在没有进行有意识的、系统的学习的情况下，就能在与养育者的自然交流中掌握语言的基本方面，从而达到交流目的。婴儿从外界接触到的语言是有限的、零散的、不成系统的，但最终儿童能掌握语言的整套系统。对于婴儿来说，母语没有难易度之分，不同语言环境下的婴儿获得母语的年龄都差不多。但对于成人来说，学习一门外语是比较困难的，而且不同外语难易度不一样。对于特殊儿童来说，他们语言系统的建立在不同方面或者不同程度上都会受到影响，表现为延迟，或者无法达到典型发展儿童的水平，最终无法达到母语成人的水平。这些都说明儿童母语获得的特别之处，于是一直以来吸引着众多研究者进行相关探索和研究。

研究者关心母语获得的机制以及影响母语获得的因素。现在可以肯定的是，婴幼儿母语获得的机制和成人学习外语的机制是不一样的。婴儿的生理条件、心理状态、认知水平为母语获得创造了适宜的条件。比如,婴儿的听觉系统很早就达到成熟水平,婴儿偏好人声,婴幼儿喜欢与人交流互动。婴儿对语音非常敏感,这有助于快速建立母语语音系统中的音位。婴儿初期的"片段式"学习语言的方式——把语言片段作为一个"词块"(整体单元)来学习语义或语用意义,其实是有助于学习词法和句法的。随着认知能力的发展和语言的积累,婴幼儿才开始把"词块"分析成更小的单元,从而进入更高级别的学习。深入研究典型发展儿童的母语获得机制,有助于帮助特殊儿童进行语言重建或者语言康复。

但是现在有关典型发展儿童的语言获得的研究还远远不够,特别是关于儿童语言发展的事实调查还不充分、不全面。我们不仅需要更大样本的横向调查研究,而且还需要更多样本的纵向调查研究。调查方法可以是通过语音记录或者音频视频记录养育者和儿童的交流对话(儿童外显的语言水平),建立语料库或者多模态数据库,并进行语言学标注和分析或者肢体语言、眼神等跟交际有关的标注。还可以通过设计特定的实验(现在已经有较多经典实验范式,心理行为实验或脑电实验)来发现儿童内在的某方面的语言能力。

在人生最初的一两年,婴儿在其他方面的能力还比较弱,但是学习语言的能力很强,语言系统的快速发展完善,要归功于人的大脑。不同语言环境下的儿童最终获得母语的年龄和经历的语言发展阶段都大致相同。他们的语言产出都不是单纯的模仿,而是创造性的表达。不同语言环境下儿童使用语言时,在语言的每个方面都会"犯错误",即在语言感知和理解上以及产出形式上跟成人不一样。这些跨语言的共同特点表明,儿童都有共同的生理和神经基础——大脑。所以,我们可以通过观察语言的发展来探索大脑的机制,也可以通过外在的语言表现来监测内在的大脑发育是否有异常。从本书中可以看到语言的获得基于一般的认知能力,因此研究语言发展与获得还需要同时关注儿童认知能力的发展和大脑的发育。

　　本书列举了很多养育者在交流中为使婴幼儿正确理解和表达而提供"便利"的例子。比如,养育者会调整和孩子交流的方式、内容,或者为了引出孩子的语言表达而"搭脚手架"的情况。这些例子从一个侧面为其他养育者提供了与婴儿交流的范例,可以在一定程度上促进儿童的语言发展。但是需要注意的是,并不是所有养育者在跟儿童交流的时候都会提供这种"交际便利",但儿童还是会自然掌握母语。而且养育者提供的语言素材总体来说是比较匮乏的,但是儿童在语言素材有限的情况下还是可以自然地学会母语,并且可以创造性地说出他们从来没有听到过的话语。这些语言发展事实说明我们还需要进一步深入探索儿童母语获得的机制,找出影响母语获得的决定性因素。

儿童的语言

《儿童的语言》(*Language in Children*)一书为儿童语言习得领域的初学者提供了一个简明而基础的介绍。该书从儿童发出的第一串声音开始,内容涵盖了儿童在习得第一语言过程中所经历的全部阶段。全书一共十个章节,简单易懂,主要特点如下:

• 阐明了儿童语言不同发展阶段的情况,从辨认语音与词语开始到有能力进行对话,同时包含了双语抚育的内容;

• 用真实的儿童语言材料来解释书中所讨论的各种一语习得现象,这些儿童语料来自法语、西班牙语、芬兰语以及英语;

• 以章节为单位提供了用于扩展阅读与问题探究的文献资源;

• 该书有一个配套的网站作为支撑,即"儿童语言数据交流系统(Child Language Data Exchange System,简称 CHILDES)"电子档案库,该网站提供了获取更多资源与真实语料的网址链接。

《儿童的语言》一书的作者是一位在儿童语言习得研究领域有着丰富经验的研究者和教师。该书对儿童语言学的初学者来说,是一部必不可少的读物。

Eve V. Clark 是美国斯坦福大学语言学与"符号系统（Symbolic Systems）"①项目的教授。

---

① 符号系统（Symbolic Systems）研究是美国斯坦福大学的一个跨学科项目，主要专注于自然和人工系统之间的关系。符号系统涉及计算机程序、自然语言、人类思维和互联网的一些概念，围绕这些概念产生了一系列的知识和理论，该跨学科研究项目包括哲学、计算机科学、语言学、心理学、统计学、神经生物学和传播学。主要关注的问题有：计算机和计算机语言在哪些方面像人类和人类的语言；怎样才能使人与计算机之间的互动变得更容易、更有益；等等。关于此，译者 2021 年 4 月 12 日登录参考了如下网页：https://exploredegrees.stanford.edu/schoolofhumanitiesandsciences/symbolicsystems/。——译者注

Routledge 语言学指南

《Routledge 语言学指南》(*Routledge Guides to Linguistics*)是一套由多部简洁而易懂的导读书籍组成的系列丛书。该书系每册都概述了语言学某一专业领域的基本原理,尽量避免使用学术术语,尽量不使读者阅读起来感到畏惧。这些书籍是专为初次学习研究某一特定主题的语言学学生,或者正在考虑学习并想深入了解语言学的学生而设计的。因此,该书系为初学者提供了某一专题必要的基础知识,也为日后继续进行深入研究提供了理想的跳板。

《Routledge 语言学指南》系列丛书由 Routledge 出版社与美国语言学学会(Linguistic Society of America,简称 LSA)合作出版。LSA 创立于 1924 年,旨在促进对语言的科学研究。无论是对专业的语言学家还是对一般的公众,LSA 在支持和传播语言学知识方面都扮演着重要的角色。

书系主编

Betty Birner 是美国北伊利诺伊大学英语系语言学与认知科学教授。

书系中的书目:

《儿童的语言》 Eve V. Clark
《为什么学习语言学?》 Kristin Denham 和 Anne Lobeck
《黑人英语》 Sonja Lanehart
《语言与意义》 Betty Birner

关于该书系的更多信息可参见 www.routledge.com/series/RGL。

前　言

在学习说话的过程中，儿童需要掌握一个复杂的语言系统，并且需要运用各种交际技巧。比如，从出生几个月开始，大人跟儿童是如何交流的？儿童在学习一门语言时会涉及什么因素？大人和儿童之间的互动在语言学习过程中有着怎样的重要作用？在整个交际中，儿童关注的是有熟练语言能力的说话人，他们和大人说话，并从大人那里获得反馈。在这个过程中，儿童不断地实践自己已经习得的话语。

这本书使用了大量真实的儿童语言实例，用来向大家呈现不同阶段儿童能够说的话语，展示儿童如何利用手势和语言来有效地进行交流，讨论儿童如何建立和累积共同背景，以及如何尽其所能在对方所言内容上增加新信息。我们已经对儿童学习语言的情况有了许多了解，但是在这个领域中还有很多问题有待我们去发现和回答。

我写这本书的目的是鼓励读者继续研究与儿童语言习得相关的问题或议题，去揭示有关儿童语言习得过程中的更多真相，去思考社交互动对儿童早期习得和使用语言的积极影响。

Eve V. Clark
斯坦福
2016 年 1 月

音标符号和在英语词汇中的示例

一些辅音

/s/	sit，cats
/z/	zoo，dogs
/ʒ/	azure
/ʃ/	ship，push
/ŋ/	link，monkey

一些元音

/æ/	sat，bat
/ə/	中元音(schwa/neutral vowel)，如 a book 或 the book
/ʌ/	but，monkey
/ɪ/	sit，fill
/iː/	feel，seal
/ɒ/	hock，dog，cot
/ɔː/	hawk，caught
/ɑː/	father

鼻元音在元音上面用波浪号标记。

关于儿童年龄的注释：

儿童的年龄以年岁为单位:2 岁;年岁之后是月份,如 2;6,即 2 岁 6 个月;年岁、月份之后是天数,如 2;6.13,即 2 岁 6 个月 13 天。

目 录

第 1 章 儿童是从哪里学会的第一语言？ ………………… 1
语言习得道路上的路标 …………………………………… 1
一些有关语言习得的观点 ………………………………… 3
大人与孩子之间的早期互动 ……………………………… 5
大人调整他们和孩子的交谈方式 ………………………… 8
大人调整他们和孩子的交谈内容 ………………………… 9
大人帮助孩子参与早期的交际互动 ……………………… 11
大人扩展孩子的话语 ……………………………………… 13
大人提供给孩子新的词语 ………………………………… 13
大人提供给孩子反馈 ……………………………………… 16
大人问孩子问题 …………………………………………… 19
共同关注、物理同现和会话共现 ………………………… 20
小结 ………………………………………………………… 21

第 2 章 辨认与产出词语 …………………………………… 23
感知声音 …………………………………………………… 24
辨别能力与注意力 ………………………………………… 26
辨认词语 …………………………………………………… 27
成人的词语形式和儿童的词语形式 ……………………… 30

尚未分析的词块 ·· 32
　　早期词语的产出 ·· 33
　　练习 ··· 35
　　转换话轮 ··· 37
　　小结 ··· 39

第 3 章　意义与词语的匹配 ·· 40
　　形式和意义的速配 ··· 44
　　引出并记住新词 ·· 46
　　早期词汇 ··· 48
　　建立词汇域 ··· 49
　　空间、位移、目标和来源 ··································· 51
　　言语行为意义 ·· 53
　　语法结构意义 ·· 53
　　指称和指称表达 ·· 54
　　小结 ··· 57

第 4 章　语言的使用 ·· 58
　　语用原则 ··· 60
　　共同背景 ··· 62
　　"搭脚手架"与合作 ··· 64
　　话轮和话轮内容 ·· 65
　　铺垫构建连续的话语 ··· 67
　　推断意欲表达之意 ··· 69
　　小结 ··· 70

第 5 章　早期语法结构 ··· 72
　　公式化的话语 ·· 74

添加语法成分 ………………………………………… 76
　　动词和动词形式 ……………………………………… 80
　　名词的类别 …………………………………………… 82
　　小结 …………………………………………………… 84

第 6 章　更复杂的语法结构 ………………………………… 86
　　疑问 …………………………………………………… 87
　　否定 …………………………………………………… 90
　　名词短语的修饰语 …………………………………… 91
　　数词和量化表达 ……………………………………… 93
　　地点与时间 …………………………………………… 97
　　致使和因果关系 ……………………………………… 100
　　条件句和可能事件 …………………………………… 103
　　小结 …………………………………………………… 105

第 7 章　进行会话互动 ……………………………………… 106
　　互动和交际 …………………………………………… 107
　　共同背景 ……………………………………………… 110
　　旧信息和新信息 ……………………………………… 113
　　话轮转换时机 ………………………………………… 114
　　游戏扮演与现实 ……………………………………… 117
　　小结 …………………………………………………… 122

第 8 章　视角、视点和角色扮声 …………………………… 124
　　词汇视角和语法结构视角 …………………………… 125
　　追踪他人的视点 ……………………………………… 128
　　扮声、角色和身份 …………………………………… 130
　　讲述故事 ……………………………………………… 134

传达指令 ………………………………………… 138
　　　小结 ……………………………………………… 140

第9章　一次学习多种语言 ………………………… 142
　　　一开始就接触两种语言系统 …………………… 142
　　　两套词汇系统：早期的成对词 ………………… 143
　　　词汇规模 ………………………………………… 145
　　　早期的词语组合和语言混合 …………………… 146
　　　语言选择和受话人 ……………………………… 150
　　　增加复杂性 ……………………………………… 151
　　　双语和多语 ……………………………………… 154
　　　小结 ……………………………………………… 154

第10章　语言习得过程 …………………………… 156
　　　语言习得过程 …………………………………… 158
　　　遗漏类错误和委托类错误 ……………………… 160
　　　儿童习得第一语言需要什么？ ………………… 162
　　　学习一语和二语的差别是什么？ ……………… 163
　　　一次学习多种语言 ……………………………… 165
　　　语言障碍和语言发展 …………………………… 166
　　　语言的共性 ……………………………………… 167
　　　小结 ……………………………………………… 172

参考资料和进阶阅读文献 ………………………… 173
关键词索引 ………………………………………… 185
译后记 ……………………………………………… 188

第 1 章

儿童是从哪里学会的第一语言?

在这一章中,我们考察儿童最初理解和产出语言时的场景。首先我们介绍儿童从开始学习到逐步掌握并熟练使用语言这一路上所呈现的发展线索。在开始讨论一些与语言习得过程相关的一般性问题之前,我们将会简要反思有关儿童语言习得的早期观点。

语言习得道路上的路标

儿童在很小的时候,大概 8~10 个月,就能初步理解一些词语。一般来说,他们在 11/12 个月到 20 个月期间能够产出第一批词。接着通过身姿手势和词语的配合来表达长一些的话语,然后会通过两个或多个词语的组合来交流,这个阶段发生在 14~15 个月和 18~22 个月之间(因儿童所习得的母语特点各异,这一过程会有 1 年左右的差异)。一旦儿童开始组词表达,那么他们也开始学着给词添加词尾,比如英语的复数标记 -s,除此以外,也开始添加使用一些小词,比如 *the*, *of*, *in* 之类。并且,要学会何时何处使用这些词尾或语法小词(**功能**词)将耗费儿童很长的时间。习得某些语言的儿童掌握这些语言要素的使用要到 6 岁,而习得另一些语言的儿童学会相同功能的语言要素恐怕要花更长一些时间,最晚的有可能要到10～12岁。

一旦儿童能够组词交流,那么他们也就开始用语言做更复杂的事情了。并且,当他们能够说出三四个词语组成的话语时,也就意味着学会开始使用更为复杂的语言结构了。比如,他们通过添加信息来区分所指的不同人或物,像 *the blue car*(那辆**蓝色的汽车**),*the man **with the red hat***(**戴着红帽子的**那个男人),*the girl **who's running***(**正在跑步的**女孩)。之后,儿童开始学会描述先后接连发生的序列事件:*He run outside **and then** he climbed the hill*(他跑出去,**然后**爬上了山);学会谈论具有致使意义的事件:*They **made** the boat **capsize***(他们**使**船**翻**了);也学会谈论依情况条件变化的事件:***If** it rains, we'll play inside*(**如果**外面下雨,我们**就**在里面玩);还学会表达自己的主观信念和态度:*I **think** they like spinach*(**我认为**他们喜欢菠菜),*He **wants** to have a picnic*(**他想要**去野餐)。接着,儿童逐渐学会在各种日常活动中使用语言做不同的事情。比如,从讲笑话(这是5岁时最喜欢做的)到劝说、发指令、掌控与合作等,而且还会讲述更加复杂的故事或事件。

年龄/阶段	理解	产出
6～8个月	2～4个高频词语	(早期的咿呀学语)
9～12个月	10～30个词语;高频的日常用语	咿呀学语;1～2个词语
13～22个月	简单的指令;回答简单问题	10～50个词语;词语的组合
2;0～2;6	回答更多类型的问题;理解1000～1500个词语	100～600个词语;多种类型的问题;开始产出更复杂的结构
2;6～3;6	话轮转换更加熟练;词汇量进一步增长	发起交际互动;提出新的话题;并能确认新信息

续表

年龄/阶段	理解	产出
3;6～5;0	话轮转换的时机接近大人水平； 到6岁能理解多达14000个词语	各种不同的复杂结构；到5岁能说的词汇量接近或多于6000；在自己的话轮中有规律地添加新信息；会初步简单地叙事
5;0+	理解语言的水平更完善； 能较好地遵循指令	会说服、给出指令，讲述故事更有结构性；会追踪故事人物

注释：通常情况下，某个特定的孩子达到这些语言发展的里程碑会有一年或稍长时间的差异。

一些有关语言习得的观点

长期以来，人们一直对儿童如何习得第一语言感到困惑，并在不同时期提出了各种各样的观点。在此，我们将简要地评述其中的一些看法，并分析为什么它们不能充分地解释儿童学习语言的过程。实际上，许多已有观点为儿童如何习得语言、花费多长时间以及大人在其中发挥的作用等问题描绘了一幅并不太现实的图景。

一种来自心理学行为主义研究范式的观点认为儿童学会第一语言是大人教授的。这种观点认为大人首先认可小孩咿呀学语发出的任何属于该语言的声音，而忽略不属于该语言的声音。然后，这些被认可的声音就会被塑造为构成词语的语音序列。在学习的过程中，大人不会强化错误形式，即便小孩产出了错误的形式，这也不会持续很久。这种方法被认为对第一语言的词汇和语法结构习得也同样奏效。

然而，实际上，父母们似乎认可婴儿在咿呀学语时发出的每一种声音，其中也包括许多非母语的声音。并且，大人总是赞许、鼓励小孩尽力多交流,尽管这些交流并非完好。在与大人的交际中,小孩早期的话语会"丢失"掉许多要素,并且他们会犯某些固定的、持续时间较长的错误,这些不像大人说的话语形式会保留数周甚至数月。小孩这些错误的言语产出看似是在使自己的语言规则化:他们将原本不规则的形式变得规则,如将动词 sit "坐"不规则的过去时形式(sat)说成规则形式 sitted,再比如将名词 mouse "老鼠"①不规则的名词复数形式(mice)说成规则形式 mouses。因此,还不清楚大人对儿童言语表达的认可(强化)与否在语言习得过程中到底起什么样的作用。

另一种与此相关的看法是,儿童学习语言就是在模仿他所听到的周围的语言。可是如果只是通过模仿周围说话人的话来学习语言,那么为何他们一开始只是一次一个词语地学习,而且是在12~15 个月这个年龄段?为何他们花在学会将两个词语组织成话的时间如此之长?为何他们在学说话的过程中长时间地遗漏词尾和一些语法小词,像 to, of 和 the?可见,他们早期的话语似乎并没有直接模仿他们周围的成年人。

在 20 世纪 60 年代,有人提出了一个相当激进的观点,认为成年人在儿童语言习得过程中几乎没有发挥任何作用。小孩在学说话的过程中,大人不给孩子提供及时反馈,也从不纠正孩子的说话错误。的确,这种观点认为语言自身至少语法是内在天生的,所以认为大人也就不需要通过反馈来帮助孩子学习语言。与此同时,这种观点的支持者认为孩子必须以某种方式学习他们语言的语音,并且认为他们还必须学习词汇,到 20 岁左右他们的词汇量能达到 5 万到 10 万个,因此,这是一项庞大的学习任务。但是,这种观点声称语法从一开始就存在,这是该观点最重要的内容。

---

① mouse 若指老鼠,其复数是 mice;若指鼠标,其复数是 mouses。这里是说儿童在学习"老鼠 mouse"的复数形式 mice。——译者注

然而，儿童需要时间来确定或辨认他们正在学习的语言中的语法核心特征。这其中所涉及的从先天内在的语法范畴到可能的语法结构的过程并未得到充实。此外，正如我们看到的，在日常交际中，成年人会给小孩提供反馈作为来来回回对话交流的一部分，因为大人在反复确认孩子所要表达的意思，他们这样的做法贯穿于小孩语言习得的各个方面。（后面我们将会看到这在儿童语言习得的整个过程中都发挥着重要的作用。）

最后，还有一种经常被提到的非正式的观点，即儿童在上幼儿园和学前班的时候从老师那里学会语言。但事实是，儿童在上幼儿园之前就早已会说话了，而且还说得非常多。因此，他们必定是在学习一门语言的最初两三年里已经做了很多努力。这里的问题是，关于语言习得，儿童到3岁或4岁时已经学会了多少？他们是如何做到的？

在本书中，我们将着重聚焦从出生开始成人和婴儿参与的各种交际互动，以及这些交际互动在幼儿语言习得中所起的关键作用。儿童从周围的人那儿学习他们的母语。刚开始，周围的这些说话者通常是照顾他们的大人。但是，随着婴儿逐渐长大，慢慢学会走路，并且开始自己说单个的词语，于是也就会和兄弟姐妹、同龄人以及他们的照看者进行交流。这就是幼儿习得语言的环境。那么，儿童是如何开始习得语言的？大人在和儿童交流的时候会调整自己的语言来适应孩子吗？

大人与孩子之间的早期互动

婴儿从一出生开始，大人就在跟他说话，尽管大人知道孩子那时还不能够理解语言。即便如此，父母和孩子的照看者仍旧不断地跟孩子说话，这说明互动交际对儿童后来的语言习得很有帮助，甚至是至关重要的。比如，父母依靠和婴儿之间的相互注视来关注婴儿、追踪他们的目光；并且父母会抚摸孩子，抱着他们，用情感语调向孩子传递安慰、玩耍和欢笑等信息。当婴儿以微笑和注视作为回应时，大人和婴儿之间的双向互动就开始了。在这些早期的"交流"中，婴儿一方基本没有要表达的交际内容，大人会将孩子的微笑、注视、打嗝或者踢腿作为互动交际的一个回合，即"话轮"。当然，这些非语言的"话轮"无论在交际内容还是互动时机上都和日后掌握的用真实语言交际的会话话轮是不同的，婴幼儿时期非语言话轮之间会有较大的停顿间隙或是较多的话轮重叠。

父母用微笑和眼神的关注与 2 个月大的孩子进行交流。从 3 个月大开始，婴儿就可以和大人一起参与所谓的被动联合活动，即由大人跟随婴儿的目光来互动。当婴儿 4 个月大的时候，大人开始让婴儿关注他们手上展示的物体。同时，婴儿也开始专注地观察大人的手部动作以及一般的动作，并在互动过程中积极地追踪大人的眼神。大约 6~8 个月，大多数婴儿开始咿呀学语，大人此时会期望甚至要求将咿呀学语的声音串作为互动交际中婴儿的话轮。到 9~10 个月大的时候，婴儿很容易参与到各种游戏互动中来，例如和大人来回传递玩具，或者轮流扮演躲猫猫的角色。在这之后不久，婴儿通常会尝试说出他们的第一批词语。

当婴儿发声交流时，他们可能只是通过咿呀声来回应大人的评论和问题。但是大约从 11~12 个月开始，他们的发声经常结合着身姿手势，其中发出的声音可能是基于大人所说的一些词语，就像使用音节 **da** 和手势指向一些他感兴趣的物体。在这种情况下，大人通常会用一个词汇标签给那个显而易见的所指对象命名，以此作为对孩子的回应。一旦小孩子开始自发地给事物贴标签命名，大人通常会确认孩子给出的任何词汇标签，然后再对其进行扩展。例如：

> *Nicola*(1;11.9)：nose.
> *Mother*：He's got a pointed nose, hasn't he?

但是,当儿童将一个独词句标签和一个手势结合在一起使用时,比如说,指向某物体或者伸手够向某东西,成人就会将其理解为儿童在寻求关于那个物体的信息或者提出关涉那个物体的请求。例如:

> *Nicky*(1;7.29)：back, back <handing plate to Mother>
> *Mother*：Do you want me to put it back? There.

由此可见,大人对孩子只说独词话语时的反应与对词语和手势结合而用时的反应是不同的。

在早期,当婴儿微笑时,当他们发出满足的叫声时,以及后来当他们开始咿呀学语时,婴儿发出的声音经常与大人的话语重叠在一起。但即使是在和一个3个月大的婴儿交流时,大人也可能会有意地按照话轮交替的方式与孩子互动:比如大人首先说句评论类的话语,然后停下来,等待婴儿做一些动作作为反馈——像是踢腿、打哈欠、握紧拳头、微笑、眨眼或其他任何动作——然后大人才会继续他的话语,转换到下一个话轮。实际上,在儿童真的开始产出语言或参与交流之前,大人就为他们提供了一个交流互动的框架,甚至有意地"强加"于他们。如下面这段交际:

> *Ann*(0;3)：<smiles>
> *Mother*：Oh what a nice little smile!
>   Yes, isn't that nice? There.
>   There's a nice little smile.
> *Ann*：<burps>

> *Mother*:What a nice wind as well!
> Yes, that's better, isn't it?
> Yes. Yes.
> *Ann*:<vocalizes>
> *Mother*:Yes! There's a nice noise.

当大人以这种方式跟婴幼儿说话时,他们通常会调整自己的语调(说话的韵律),可能会说得更轻柔一些,但不会对他们所说的内容做任何特别的调整。这些内容可以是当天的一般思考,也可以是大人正在做的具体事情和活动,比如给婴儿换衣服、洗澡、穿衣、准备喂奶等。但是,一旦小孩表现出能够大致理解一些词语的意思,开始尝试用手势、发声甚至说出少量的词语(这要到10个月甚至更晚),成人就会根据小孩能够理解和表达的内容,调整自己的语言形式和内容,以适应小孩的言语水平。

大人调整他们和孩子的交谈方式

大人在与年幼的孩子交谈时会调整自己的言语,其原因之一是考虑到婴幼儿能听懂理解多少。但是,大人只有在看到自己的孩子有理解的迹象之后,才会开始对自己的话语做出调整。这种情况通常在小孩10～12个月时才会发生。

因为刚开始孩子能理解的词语很少,所以大人会改变他们与孩子交谈的方式。于是,大人说话的速度会慢很多;说出的话语非常短小;话语之间有明显的停顿;他们会使用调域较宽的、夸张的音调曲拱(说英语的大人和小孩交流大约用两个八度,而跟其他成年人之间说话不到一个八度);并且他们等待孩子回应的时间要比他们与成年人交谈时等待的时间长得多。大人们做这些改变是因为他们面对的听话人是那些不专业的、刚开始学说话的小孩,需要大人为他们调整设计话语。

　　大人也会不断地根据孩子的理解水平调整他们所使用的语言形式。除了使用夸张的语调之外,大人跟小孩说话时的音调比对成年人说话时要高;他们对婴幼儿所说的话语要比跟大孩子或成人说的短小。并且,大人总是尽力向小孩清楚地表达所要说的话,基本不会出现错误,因此在他们自己的话语中很少出现修补(repair)现象;在和小孩交流时,大人的话语之间会有明显停顿,而不像大人之间交流时话语内部可以有停顿。此外,大人还会重复自己的话语,比如通过变换语序以不同的语言形式重复表达一样的内容。简而言之,成人说话者会精心设计他们所说的话,用以适应那些对语言知之甚少或者还不知如何使用语言的孩子。

大人调整他们和孩子的交谈内容

　　在和儿童交谈的过程中,大人不只是改变他们说话的**方式**,而且也会通过遣词造句、选择话题来改变他们所说的**内容**。比如,他们主要关注此时此地、现实中大人和儿童都能看到的物体,或者正在发生的事情,像看见了什么人或什么事,以及眼前发生的任何变化,对这些话题提出评说或进行交流。当儿童听到陌生词语和表达需要确认所指时,这种对此时此地的关注帮他们限制缩小了识别对象的范围。一旦他们和大人建立起了共同关注,那么此时此地的这种共同关注就会帮助儿童在语境中辨识不熟悉的指称,将某个意义与陌生的词语形式相匹配。

　　大人不仅关注儿童早期的词汇,而且也关注他们的身姿和手势。1岁大的孩子用手来指东西的手势通常被认为是表达一种对某物感兴趣或注意的意思,这可视为之后儿童能用语言来表达陈述或断言行为的前身。大人通常情况下会给儿童用手指的物体一个词汇标签,比如 *It's a bear*(这是一头熊)。但当1岁大的孩子把东西伸向大人时,大人很可能会把这种手势当成孩子的求助,比如帮助打开装有玩具的容器或者给玩具上发条,此时大人会回应说"*You want help?*(你需要帮助吗?)"或者"*I'll do it*(我来帮你)"。也就是说,儿童用手指物可以引发大人为所指物贴词汇标签,而当将手伸向大人或将一个物体伸向大人时,就会得到大人提供的帮助行为。

在与小孩交谈时,大人会重复多次自己的话语。比如,当他们提出请求时,重复请求的语言形式会有一些细微的变化,直到得到适当的回应。这样的重复给孩子更多的机会和时间去弄清楚自己被要求的是什么,并为回应做准备。当然,与此同时,在这种情况下,成人重复的话语串也显示了表达请求行为可以采用的一些语言形式。

> *Adult*: Pick up the blocks. Put the blocks into the box.
> Put the red blocks away, put them into the box.

这样的重复也出现在成人使用孩子不熟悉的词汇标签时。从一项研究中得知,大人给 1 岁的孩子提供新标签时,重复的次数平均为 6 次,而给 3 岁孩子新标签时重复的次数仅为 2 次。大人有时会采用"变体集合"的形式重复一个新标签,如下面一系列用来唤起 2 岁 3 个月孩子记忆的问题:

> *Adult*: Who did we see when we went out shopping today?
> Who did we see?
> Who did we see in the store?
> Who did we see today?
> When we went out shopping, who did we see?

这种"变体集合"依赖可交替选择的话语,从而以不同的方式表达相同的意图,例如替换不同的词语、用添加或删除的方式重新表述问题以及对信息内容进行一些重新排序。有一项土耳其语习得的个案研究显示,在1岁8个月到2岁3个月之间,母亲对孩子所说的话中20%属于"变体集合"的语言形式。该个案研究中,这位母亲在每组"变体集合"中平均使用六种变体,每次的语序都不同。

同样,当父母对孩子提出要求时,他们也会以不同的形式不断重复这一要求,直到孩子遵从这一要求为止。父母这样做可能是为了找到孩子最终能够理解的一个话语表达方式。或者他们这样做是基于这样的假设,即孩子需要花时间来处理语言信息(像这里要将信息处理为提要求),所以多次不断重复可以给孩子更多的时间来回应。

父母也经常使用重复的话语形式,以此作为引导,引出他们希望孩子知道的信息,在此过程中他们通常使用测试类问题而不是真正的问题。例如:

> *Mother*: Here's the cow. <Mother looks at block>
> Here's the cow. <Mother pushes block towards child>
> What does the cow say? <Mother stops block in front of child>

大人对这种重复的依赖,似乎是为了确保孩子最终能弄清楚大人想让他们在那种场合做什么、关注什么。大人也试图让孩子能提供适当的信息,并且要想让他们这样做可能会花相当多的时间。(我们将在第4章中回到这个问题。)

大人帮助孩子参与早期的交际互动

一旦孩子可以用单个词语接话轮,大人就会提供"脚手架"或语言框架来支撑孩子的这些话轮。他们可能提醒孩子某件事说 *Do you remember when*…?(你还记得那个时候……?),然后停下来让孩子填补、贡献相关的词语或者评论。在这个过程中,成人和儿童积极地合作讲述这件事情。当大人和小孩合作向其他人讲述故事的时候,大人通过搭建"脚手架"或语言框架来帮儿童参与贡献会话,并为儿童提供支持和鼓励。而能否给出精确的框架则取决于成人和儿童对事件的共享知识。

> D (1;6.11, being encouraged to tell Father about episode where Philip, aged 10, let out his budgerigar and it landed on D's head)
> Mother: Did you see Philip's bird? Can you tell Herb?
> D: *head. head. head.*
> Mother: What landed on your head?
> D: *bird.*

当孩子开始会说较长的话语并且变得更善于来回轮流说话时,大人就会减少为孩子提供说话框架的次数。

> Sophie(3;0): *why—why do me have to put one slide in?*
> Father: Keep the hair out of your face. Otherwise it's all over you.
> Here. <playing Snakes and Ladders> There's some more counters.
> Will you pass me that green counter?
> Sophie: *which green counter?*

随着孩子年龄的增长,尽管大人会减少为孩子说话时搭建"脚手架"或语言框架的数量,但他们会继续帮助扩展孩子的话语,不仅会增加缺失的部分,还会增加与孩子所讲内容相关的信息。

大人扩展孩子的话语

当大人对孩子所说的话语进行扩展，添加一些遗漏的成分时，他们通常也会以问句的形式添加其他信息。比如：

> Brenda(1;7)：/haidi/ [= hiding]
> Adult：Hide? What's hiding?
> Brenda：/brù/ [= balloon]
> Adult：Oh, the balloon. Where? Where is it? Where is it?
> Brenda：/haidiŋ/

或者只是简单地以孩子的话语为基础进行扩展，为所谈论的对象增加一个规约的词汇标签。

> Child(2;3)：*that climbing.*
> Adult：That's for climbing and it's called a ladder.

像这样的扩展，连同大人与孩子交谈时所说的其他内容，都帮助孩子进一步了解人们是如何在交谈中传达特定的含义的。意义的传递涉及词语的使用、所需要的语法要素和词尾形式，以及词语顺序和每个话语中所使用的不同语法成分。

大人提供给孩子新的词语

大人经常会说出一些他们明知道孩子还不会的词语。他们不只是提供一个个独立的新词，而是以高频使用的、固定的语言框架引出这些新词，以此来标记这是一个新的词语。这些用于引介新词的框架有：*This is*——（这是——），*That is*——（那是——），*These are called*—(这些叫作——)等。然后,他们通常会继续提供关于所指物的一般信息:关于它的类属关系(它属于某类事物)、关于部分及属性、相关的功能,以及有关个体发生和习性特点等。比如下面这些典型的例子:

• A seal is an animal. 海豹是一种动物。	[inclusion in a class] [类属关系]
• That's a bird, bird with a big beak. 那是一只鸟,长着一只大喙的鸟。	[part] [部分]
• Those are cobblestones. That's a street made out of stones. 那些都是鹅卵石。那是条由石子铺成的街道。	[property] [属性]
• That stool is for sitting on. 那凳子是用来坐的。	[function] [功能]
• A lamb is a baby sheep. 羊羔是羊宝宝。	[ontogeny] [个体发生]
• It's called an eel. It lives in the water. 它叫鳗鱼。它生活在水里。	[habitat] [习性特点]

简而言之,大人不仅提供新词,而且还通常用指示代词(或伴随用手来指的动作)的表达方式(*this/that is a* —"这/那是一个——"),或者是指示结合 *is called* "被叫作"这样的语言成分(*these are called* —"这些叫作——"),抑或是用预先的提问 *What is that called? It's a*—(那叫什么? 那是——)等方式引出新的词

语。此外，大人还会提供刚贴标签的新词所属范畴类型的信息。这种添加的信息可以让孩子把一个新词的意思和他们已经知道的其他词语联系起来，比如动物、玩具、食物、交通工具，还有对一些4岁的孩子来说尤其喜爱的恐龙。

正是这些添加的信息可以帮助儿童开始构建语义域或者语义场，即在意义上相互关联的一组词语。词语之间的关系可以是一种类属关系或者是一种包含关系，如：That's a ladle. It's a kind of spoon（那是长柄勺，它是一种勺子）。这种关系可以标识整体与部分，通常是先整体后部分的顺序，如：That's a rabbit and there's its tail（那是只兔子，那是它的尾巴）。它还可以指明事物的某些属性，如：Those guinea pigs have long fur（那些豚鼠长有长长的毛）或者 That ball is made of leather（那个球是皮革做的）。这种关系也可以是说明某种功能，比如：The wheels make it move（轮子能使它前行）或者 The key is for locking the box（那把钥匙是用来锁那个箱子的）。它还可以标识生活习性特点，如：Herons nest in trees（苍鹭在树上筑巢）或 Deer live in the forest（鹿生活在森林里）。此外，它可以提供个体发生的信息，比如：Horses have foals, cows have calves, sheep have lambs（马生小马驹，牛生小牛，绵羊生羊羔）。有时，这些信息出现在一系列相关事物的列举中，其中新词在最后给出，例如：A zebra, an elephant, a monkey, a lion, and a LEOPARD（一匹斑马，一头大象，一只猴子，一只狮子和一只花豹）或者是 A spoon, a knife, a ladle, and a WHISK（一个勺子，一把刀，一只长柄勺和一个搅拌器）。此外，大人偶尔也会给出一个像词典释义一样的界定，比如：A picnic is when you eat your lunch outside on the grass（野餐就是你在外面的草地上吃午餐）。

语义场和词语间语义关系的另一个信息来源与某类言语交际在哪儿发生相关。大人在某些场所里比在其他地方要更经常地使用一些词语。比如,以一所房子为例,大人在厨房中使用表示不同种类食物、烹饪方法以及餐具和不同锅具的词语的频率要比在其他房间高。而在浴室,他们经常会使用与洗澡有关的词语(像 *tap/faucet*"水龙头"、*water*"水"、*spray*"喷淋"、*soap*"肥皂"、*toy duck*"玩具鸭"、*flannel/face-cloth*"面巾"、*clean*"干净"、*dirty*"脏")。在卧室里,大人经常使用的词汇包括起床、穿衣、衣服、睡衣、被子、睡觉等在内的早晚常规习用语。在前厅,大人会谈论外出着装的词语(例如:*coat*"外套"、*shoes*"鞋子"、*boots*"靴子"、*scarf*"围巾"、*mittens*"手套"和 *hat*"帽子")。简而言之,大人提供的词语往往与特定的场所和日常活动有关。他们提供的添加信息可以将词语之间的意思相互联系起来,并帮助儿童将他们不断增长的词汇构建成语义场。大人添加的信息也可以将跨语义场的词语联系起来。这不仅能帮助儿童建立起新词在客观世界中的所指,而且还能帮他们弄清新词的意义。(我们将在第 3 章和第 4 章回过头来讨论指称和意义的区别。)

大人提供给孩子反馈

通过与儿童交谈互动,大人提供了机会让他们发现语言形式并听到这些语言形式是如何用于交流的。大人也会对孩子说了什么、怎么说的做出反馈,并为他们提供练习语言的机会。大人的反馈有多种形式,它可能包括为儿童提供在特定语境中使用的正确词汇,例如,告诉他们如何向大孩子索要玩具,或如何问候亲友。在其他情况下,大人的反馈可能集中在他们自己对儿童想说什么的理解上,也就是说,当儿童所说的话出现错误时,大人会核实确认孩子想说什么。

这些错误可能是发音上的,错误的语音使得本要表达的目标词语变得难以理解。错误也会发生在词形和词尾上(即词语的形态),比如儿童用一个动词的现在时(*bring*)代替该词的过去时(*brought*),或是用动词的第三人称单数形式(*he runs*)代替复数形式(*they run*)。错误也会发生在词汇的选用上(如把 *lighthouse*"灯塔"叫作 *farm*"农场"),句法结构的使用也会发生错误(如 *those fall down from me*①)。当儿童犯这样的错误时,大人通常会通过开启一个旁支序列(side sequence)来核实确认孩子真正要表达的意思。在这个旁支序列中,大人会使用规约的词语和上扬的语调来询问孩子的真实意思。例如:

> *Ben*(1;11.25):*hat.*
> *Mother*:She has a hat on?

当孩子接受大人的解释或所澄清的意思时,他们通常会在下一话轮采纳并使用"修订版本"。比如:

> *Child*(1;11):*play that.*
> *Mother*:You're going to play with that?
> *Child*:*Mummy, you play that.*

有的时候,孩子的意图可能需要更多的协商,需要几个话轮的往返来建立。例如:

> *Abe*(2;5.7):*the plant didn't cried.*
> ‖ *Father*:the plant cried?
> ‖ *Abe*:no.
> *Father*:Oh. the plant didn't cry
> *Abe*:*uh-huh.*

在另外一些情况下,大人可能会使用嵌入式的更正,他们用规

---

① 这里的错误在于 fall down from 后面一般应该接方所名词。——译者注

约的成人语言形式代替孩子在词形或选词上的错误。同样，他们会用上扬的语调核实确认这是否是孩子想要表达的意思，如：

> *Philippe* (2;1.26)：*les mettre dans le garage*
>   'put them in the garage'
> *Adult*：Il faut les mettre dans le garage?
>   'You have to put them in the garage?'
> *Philippe*：**faut** *les mettre dans le garage.*
>   'have to put them in the garage'

或者是，大人可能只在他们下一话语中提供含蓄一些的纠正，给出规约的词汇标签。例如：

> *Mother*：And do you know what this is? <points at page>
> *Christina*(1;7.7)：/dʌt/ [= cat] <child then points at page too>
> *Mother*：That's another cat. But that's a different kind of cat. It's a cub. It's a baby lion.

孩子们通常会采用这种方式所提供的部分或全部的规约形式，比如下例 Abe 对短语 *on it* 的理解：

> *Abe*(2;5.10)：*I want butter mine.*
> *Father*：OK give it here and I'll put butter on it.
> *Abe*：I need butter **on it**.

这类反馈方式使用得相当广泛，在以英语和法语为母语的中上等阶层中，大人以此方式使得儿童40%～60%的错误得到反馈，这一过程一直持续到孩子3岁6个月大。大人提供的重新表述是他们核实确认孩子意思的结果，孩子的原意往往被他们自己说话时的错误所掩盖。然而，在同一种文化的不同社会阶层中或在不同的文化中，大人给儿童的反馈不一定采取与上述相同的方式。育儿实践的差异对成人在交际互动中实际提供的反馈形式有重要影响。

在许多社会中，包括 K'iché Maya 社团中，大人在和小孩说话时并不依赖于高音调或夸张的语调。这是因为高音调表示尊敬，用于称呼地位高的成年人。但是音高在标记与儿童语言相关的语域①时发挥了略微不同的作用，像在巴布新几内亚（Papua New Guinea）说卡卢利语（Kaluli）的大人经常用一种特殊的高鼻音替孩子说话（speak for the child）。因此，除非有更多关于在不同文化和社会背景下提供反馈方式选择的材料，否则我们不能假设任何特定形式的反馈是具有普遍性的。一般来说，当儿童在学习第一语言的时候，他们确实会以某种方式收到一些关于语言使用的反馈。

大人问孩子问题

大人和孩子交流的时候，他们会不断地问孩子问题，其中许多问题都是"是"或"不是"的是非问句。在 3 岁 6 个月之前，这类问句占整个问句的 40% 左右。对于儿童而言，是非问比特殊问要容易回答，因为他们只需要对所问内容做出是或否的判断。而特殊疑问句提出的问题相对较难，孩子要自己想出被问的信息。在回答 What（问"什么"）特殊疑问句的问题时，儿童需要从记忆中检索出相应的词语标签（如果他们知道的话）；对于 Where 问句（问"哪里"），他们需要回忆正在寻找的对象的位置信息。在每种情况下，

---

① 这里所说的"与儿童语言相关的语域"就是指儿向语（child-directed speech）。——译者注

他们都需要时间来给出答案。大人一开始问 What 和 Where 的问题,通常只会关涉此时此地的物体,所以这些往往还不是真正的问题。

大人通常用 What 问句从孩子那里引出指称物体的词汇标签,并且经常在确认人体部位的习惯表达中使用 Where 问句,例如:Where's your nose?(你的鼻子在哪里?),Where's your mouth?(你的嘴巴在哪里?),Where're your toes?(你的脚趾在哪里?)等。直到后来,What 和 Where 问句才成为用于寻求信息的真正问句。在 2 岁左右的时候,孩子对以 Who "谁"、Which "哪个"、Why "为什么"和 When "什么时候"开头的问句很少表现出不理解。随着孩子年龄的增长,大人会增加使用其他类型的特殊疑问句,并且孩子逐渐通过恰当地回答来证明他们理解了某个特定的疑问句类型。不足为奇的是,大人往往只问孩子能回答的那类问题,但当孩子表现出更多的理解能力并开始使用更复杂的话语时,大人就开始问更难的问题。

共同关注、物理同现和会话共现

大人倾向于和小孩谈论此时此地的事和物。他们为周围可见的物体和动作贴词汇标签;他们描述这些物体的属性和功能;他们对目前所参与的事件发表评论和看法。这里关涉到幼儿语言习得的一个问题是,他们如何识别谈话中的所指对象。该问题的解决办法似乎是,大人会谈论双方共同关注的,即在那个场合成人和儿童共同关注的事或物。成人和孩子建立共同关注,要么是跟着孩子已经注意的东西走,要么是吸引并抓住孩子在某些物体或事件上的注意力。那么,双方共同关注的东西在那个场合最有可能成为被大人所说的指称对象(例如,that dog "那条狗",the tree over there "那边的树",your cup "你的杯子")。当孩子开始给不熟悉的单词赋予意义时,这种利用共同关注的方法可以帮助他们解决词汇形式和词汇意义之间的关系[这被称为映射或匹配(mapping)问题]。(本书第 3 章将会提到这里所说的"映射"问题。)

在谈论此时此地的事或物时,大人主要集中关注物理同现、双方共同注意的东西。他们尽可能使用孩子已经熟悉的词语连带着说出新的词语。这样一来,熟悉的词语可以帮助孩子建立起有关陌生词语的知识,比如在这些场合和语境中这个新词可能是什么意思。在这个过程中,成年人不仅依赖语言,还依赖儿童的注视、手势、姿态和所谈及的物体或活动的大致方向。大人在给孩子不熟悉的新范畴中的事物贴标签时,他们通常会指着那个物体给其命名。比如,大人在试图给那些物体的某部分贴上标签命名或者提供该标签名称与其他词语的关联之前,通常会先给整个物体贴上标签命名。

小结

大人根据孩子的理解能力和说的内容调整他们跟孩子说话的方式。这对孩子掌握语言的语音系统、学会正确的发音尤其有用。孩子还必须建立一个词汇系统来谈论他们周围的物体和事件。儿童必须将正确的词尾(语言形态的一部分)与诸如 *the*, *of* 或 *in* 这样的语法小词一起添加到他们所说的词语上,他们还必须选择合适的语法结构(语言中的句法选择)。

大人不仅要调整自己说话的形式和内容,而且随着孩子更多地理解和产出语言,大人会依此改变他们所做的调整。大人不会只对小孩子做这样的调整,他们会针对所有的受话人调整自己的说话方式。他们会考虑和孩子的共享背景(common ground)(基于之前的对话和互动);他们还会考虑表达当前事件的视角(反映在词汇选择上,如 *the dog* "那只狗" vs. *that animal* "那个动物",

the cars"汽车"vs. *the polluters*"污染源");他们注意到已有的指称规约,注意到他们在以前的场合和受话人交谈时所指称的客体对象。和小孩子说话,大人要面对的是刚会说话的对象,他们会的语言还很少,因此在和他们说话的时候,需要更专业的成年说话人来考虑孩子的发展状况和一般知识。

  大人也会核实确认孩子想表达什么,尤其是当孩子在说话方式上出错的时候。在西方中上等阶层中,和孩子说话时,大人会重述孩子想说的话语形式来确认孩子的意图。但大人重述的版本是常规的、语法完整的,因此,如果大人对孩子的说话意图判断正确,那么重述版的话语就为孩子提供了一个可能的学习范本。孩子对大人重新表述的回应是重复被纠正过的部分或全部内容,用 *uh-huh*,*mm* 或 *yeah* 来表达对大人解释的理解和认同,或者继续转入下一个话轮以示默认接受大人的解释。这类反馈有着重要的作用,因为在孩子犯了某种语言错误之后,即时的反馈好比提供给他们一个可以直接进行对比的正确版本。这种反馈为儿童正在习得的语言增加了具有针对性的信息,这些信息是根据孩子之前的话语量身定做的。

第 2 章

辨认与产出词语

　　为了习得并使用语言，儿童需要辨认所听到的词语，这样他们才能够搜索到已经与这些词语联系起来的意义。同时，他们也要能够从记忆中搜索并说出词语来表达他们的目的和意图。儿童必须把听到的词语和到目前为止积累的有关这些词语的意义以及用法的信息，一起储存在记忆中，从而实现上述过程。任何储存在记忆中的语言形式对于辨认与理解其他人所说的话都是非常宝贵的。儿童是如何成功地做到这些的？他们是什么时候开始识别声音序列或词语的？什么是他们必须储存在记忆中用来辨认一段声音序列或一个词语的东西？当他们想要说出一个词语时，是否能较为容易地从记忆中搜索到这些信息？

　　在储存词语用于辨认之前，儿童需要接触组成词语的声音和声音序列。他们需要通过练习才能达到和成人一样的词语辨认速度。然而，他们一旦开始将词语和声音序列储存在记忆中，这些词语和声音序列就为儿童提供了一个有关这些词语听起来应该像什么样子的范例。每当儿童想自己说这些词语时，就可以利用这些范例。正确地说出词语需要经过大量的练习，在最开始的时候，幼儿通常无法产出他人能够辨识、听懂的词语。

因此,在语言理解和产出的过程中,儿童依赖于他们在记忆中对词语的表征。也就是说,当儿童从周围的言语中辨认出词语时,他们会在记忆中对这些词语形成表征。所以,下次再听到这些词语的时候,他们就能将其辨认出来。儿童每天遇到新词时,会增加、更新在记忆中对新词的表征,指派初步的意义,并把新词添加到他们的词汇清单中。同时,这些相同的词语表征提供给儿童一个范例或模板,告诉他们在自己说出这些词语时听起来应该是什么样子。

婴儿从语流中提取词语的时间有多早?他们第一次把一段声音序列辨认为一个词语是什么时候?在这一章里,我们将首先回顾婴儿识别词语的前期过程,即在出生后的最初数月中,他们就表现出对声音差异的早期分辨能力。这一阶段最终使他们能够从语流中提取反复出现的声音序列,也就是词语。之后,儿童开始辨认声音序列,并把以前听到过的熟悉的声音序列与新的陌生的声音序列区别开来。他们随后越来越注意周围语言中的声音,以此提供词语辨认的最早期证据。在回顾了这些阶段之后,我们一方面将探讨词语的辨认,另一方面还将给出证据证明,儿童所储存的用于辨认和间接地用于产出的词语形式,是一种类似于成人的词语形式。

感知声音

儿童从一开始就关注人的声音:他们从出生开始就能给听到的语言声音定位;出生以后,相比于从未听过的其他语言的声音(无论过滤与否),他们更多关注早前在子宫中就已听到的周围的声音(以一种经过过滤的形式,想象在水下听说话声音的感觉)。事实上,2个月大的婴儿就已经开始区分说话声音中的差异。我们怎么知道的呢?当让婴儿吸吮一个带有压力感应的封口奶嘴时，他们会在听到一个新的声音（或者看到一张新的图片）时吸吮得更用力。但是随着他们逐渐习惯了播放的声音，他们吸吮奶嘴的频率会减慢。然后，如果他们听到的声音变了，比如从 ba 变为 da，他们吸吮奶嘴的速度又会变快。研究人员通过测量婴儿吸吮奶嘴的速度来说明他们是否能从 ba 和 da 两个音节中区别 b 和 d。如果他们不能察觉到区别，那么即使在接触到一个新的声音时，他们吸吮奶嘴的速度也会逐渐变慢；但如果他们能察觉到区别，那么他们吸吮奶嘴的频率则会相应地持续加快。

能够感知语言声音之间的差异被证明是一种**范畴**（categorical）知觉。当成人或婴儿听到从 ba 到 da 语音连续统中呈现的多个变化阶段的合成语音时，他们会在这个连续统的某个点上察觉到两个音节的差异。在这段连续声音中的一部分，他们听到以 b 开头的目标音节；在这个区分点之后，他们听到以 d 开头的目标音节。简而言之，婴儿在某一维度上对声音常规转换的感知是一个范畴的概念。婴儿将一段连续声音分为两个范畴，将 b 开头的音节与 d 开头的音节**对立**起来。另外，对范畴的感知能力并不是人类所独有的：毛丝鼠和鹌鹑也表现出相同的能力。因此，这可能是耳朵工作原理中不可缺少的一部分。

然而，区分声音的差异并不等同于辨认相关的声音或声音序列。辨认声音要花费更长的时间。2～10 个月大的婴儿能区分塞辅音的差异，并将不同的塞辅音归为不同的范畴，如 b，d 和 g（分别是在双唇、齿龈和口腔更往后抵住硬腭的位置发出的声音）；区分清浊音的差异［浊音有声门振动（感觉你的喉结）］，如 b 和 p 以及 g 和 k 的对立；区分发音部位的差异，如齿龈音 d（舌头抵住上齿龈）与腭音 k（舌头抵住硬腭后部）的对立；区分流音，如 l 和 r 的差异；区分鼻音，如 m 和 n 的差异；区分擦音，如 s 和 z（后者是浊音）的差异，以及区分元音，如 a 和 i 的差异。

辨别能力与注意力

婴儿同样善于辨别那些他们所接触的周围语言中并不出现的声音。例如，英语环境下的儿童能很好地将印地语中的齿龈音 t 与卷舌音 t（舌尖抵住硬腭）区别开来。但是这种能力在婴儿 10 个月左右大的时候逐渐消失。在此时，他们开始将更多的注意力放在身边语言中的声音，而忽略其他语言中的声音。

根据一些研究者的观点，儿童早期对语音的辨别能力在发展的这个阶段仅仅是简单地消失了，而其他一些研究者则认为这种语音辨别能力的消失更可能是选择性注意（selective attention）的结果。随着儿童把越来越多的声音序列从听到的语言中提取出来并储存在记忆中，他们便开始更加关注身边语言中的对立。这种注意力效应看起来提供了一个更加合理的解释。因为当他们在童年阶段习得第二语言并成为双语者的时候，儿童显然恢复了这种辨别能力并用来区分非母语中的声音范畴。若习得第二语言足够早的话，他们辨别第二语言中声音的能力可以和第一语言一样出色。

婴儿不只关注单个语音之间的差异。到大约 8 个月大的时候，他们也关注声音序列。比起不熟悉的序列，他们对近期听到过的声音序列已经具有一定的辨认能力。有些研究表明一些婴儿从 8~9 个月开始，能够辨认一小部分他们在日常生活惯用语中听到的词语。比如，在每次换尿布时大人会说相同的内容 *Here we go*（我们开始吧），每次帮孩子穿 T 恤时会说 *Up with your arms*（抬起你的手臂），每次把孩子举到一个高椅子上时会说 *Upsy-daisy*（起来没事了），每次帮孩子洗澡时会说 *In you get*（进去吧），等等。

> **一些常用的日常表达**
>
> 睡觉时间：In you get, Tuck you in, Night-night, Lights out
>
> 穿衣服：On with your pants!, Now the first sock, On with your shoes!
>
> 换尿布：Just lie still, All clean, Let me do you up
>
> 吃饭时间：Another spoonful, One more bite, Finish your juice ...
>
> 上楼：One, two, three, four ...
>
> 外出：Find your mittens, Let's put on your hat, On with your boots
>
> 故事时间：Look at that!, Now turn the page, What do you see here?, What's that?
>
> 换物游戏：Now you take it, Give it to me, Peek-a-boo

辨认词语

尽管如此，词语辨认需要额外的处理过程：婴儿、小孩子和大人都依赖于对储存在记忆中的每个词语的表征。在任何一种语言中，婴儿和小孩子都面临着每个说话人在不同场合说特定词语的变化和差异。一个词语的每次发音，如 *milk* 或者 *lunch*，都会有些许变化。这些变化首先取决于说话者个人，也取决于词语的句法环境（即出现在 *milk* 周围的词语，例如 *That milk's sour* "那牛奶是酸的"和 *She wants some milk* "她想要牛奶"）、说话者的语速（快或慢）、听话人是谁（年轻或年长的，熟悉或陌生的）和听话人的年纪（小孩子、年青人还是其他成年人）等。因此，每个词语在记忆中的表征都应该足够灵活，这样才能顾及发音的个体差异、不同说话人带来的差异以及说话的正式程度对发音的影响。

在交际中,说话人使用的语体或说话风格可能在非常不正式(随意的,比如和家人、朋友很快地说话)到非常正式(慢一些,更小心,比如在和陌生人说话的场景)的范围之内变化。不同的说话人之间也会有很大的差异。在说着代表不同社会阶层和(或)不同地区方言的说话人中,这点尤其明显。同一个说话人可能掌握两种主要的语言变体,一个本地话(一种方言)和一个标准语(比如在学校里和在所有非本地交往中使用的标准方言)。说话人对语言变体的选用同时取决于受话人和说话的场合。那些从小就接触两种语言变体的儿童需要将不同版本的词语认作"相同的"。比如,*dog* 的发音是/dɒg/还是/dag/,或者 *hawk* 是说作/hɔk/还是/hɒk/。有两个证据证明早期的词语表征是基于词语的成人发音:第一,儿童能容易地从陌生人的话语中辨认常见的成人发音形式;第二,即使变化的版本具有较强的可辨识度,他们也还是能更快地辨认同一个词语的规约版本。

幼儿最早从 12 个月大开始表现出区分词语发音变化的一些技能,随后会很快地表现出对不同方言的感知能力。到了 2 岁的时候,有一些幼儿也能很快地适应某种外国口音。总的来说,儿童从出生的第二年开始在辨认词语上变得很高效。在一个需要做出强制性选择的情景中(必须在两幅图片中二选一),当儿童听到其中一幅图片对应的词语时,他们能更快地看向目标图片。在 1 岁 3 个月时,他们看向目标图片的平均反应时间是 1000 毫秒(1 秒)。到了 2 岁 1 个月时,他们只需要不到 800 毫秒。总之,他们辨认词语的速度逐渐变快,并且在 2 岁半到 3 岁时,开始逐渐接近成年人的反应速度。

有多个证据表明幼儿很早就开始把词语储存在记忆中。首先,他们对成年人所说内容的反应表明了他们能辨认出越来越多的词语。例如,即使在没有完全听懂成人话语内容的情况下,儿童在听到相关词汇标签的时候也依然能看向或者拿取一个具体所指的玩具或衣物。例如：

> Father asks small son: Do you need a dry diaper?
> Child leaves room and comes back with a (clean) diaper.
> Father changes him, and says: There, now you have a dry diaper.
> Child left the room again and came back with another diaper ...

随着孩子逐渐长大，他们能恰当地跟随成人早前说的话语，从而表现出对其他人所说内容更多的理解。比如：

> *Shem*（2;8, looking at the UV meter on the tape recorder）
> *Adult*: That's recording the sounds. When you make a sound it moves.
> *Shem*: *dat, dat makes da TALK-sound*.
> *Adult*: The what? That clock-sound?
> *Shem*: *no, no, no, da TALK*.
> *Adult*: The talk-sound? Yeah. Right.

通过更加仔细地观察研究，我们能清楚地发现儿童储存在记忆中的是他们听到的成人的词语形式，而非他们自己能说的（通常是不完整的）词语形式。当然，当儿童从成年说话人口中听到词语时，他们需要利用类似成人的词语形式来辨认听到的这些词语。这说明他们以词语的成人版本为基础，在记忆中建立了与成人版本相近的词语表征。但是考虑到同一说话人的不同场合、不同说话人和不同方言的影响，这些词汇表征必须足够灵活才能在这些情况下奏效。也就是说，儿童需要能够辨认词语（如 *car* "车"，*book* "书"，或者 *copycat* "无主见的人"）的不同发音形式，并成功地在每个不同的情景场合——从不同说话人、不同语境、不同方言甚至不同外国口音中辨认出这些词语。

成人的词语形式和儿童的词语形式

为什么儿童需要区分一个词语的成人版本和他自己的儿童版本？他们这么做是为了在自己说出词语时能够取得更多的进步。实际上，儿童始终更加偏爱词语的成人版本而不是他们自己的版本。并且，他们知道自己不能以成人的方式说出一个特定的词语。这说明儿童能察觉到自己的（像成人一样的）词语表征与词语产出之间是不匹配的。如下：

> *Father*：Say 'jump'.
> *Amahl*（2；2）：*dup.*
> *Father*：No, 'jump'.
> *Amahl*：*dup.*
> *Father*：No, 'jummmp'.
> *Amahl*：*only Daddy can say **dup**!*

当孩子听到一个词语，即使在他自己还不会说这个词语的时候，他们也会读取成人的形式。比如，Amahl一直把成人版本的名词 *ship* "船"和动词 *sip* "小口喝"都说作/sɪp/，但当他听到一个成人说 *sip*，他总是将其看作动词，义为"drink a little bit（喝一小口）"。类似地，他把成人形式的 *mouth* "嘴巴"和 *mouse* "老鼠；鼠标"都说成/maʊs/，但是当要求他从另外一个房间取回其中一个或另外一个词语对应的图片时，他总能准确地区分这两个词语并拿着正确的那幅图片回来。

儿童偏爱成人的词语发音而不是他们自己不完善的发音，这一普遍现象被人们称作 *fis* 现象：

> 例如，我们中的一位观察者与一个把充气塑料玩具鱼叫作 *fis* 的孩子对话，模仿孩子的发音说："This is your *fis*?" "No,"那个孩子纠正说，"my *fis*."他继续否定大人的发音直到告诉他，"This is your fish." "Yes,"他说，"my *fis*."

儿童依靠他们有关成人词语形式的表征来识别从其他人口中听到的词语。有时这会造成误解。比如在两个孩子与一个大人的对话中，听话人未能识别出 Jack 说的 *grue* 的目标形式是 *glue*。随后，Jack 重新用 *glow* 表达目标形式 *glue*。但此时，另一个孩子 Ophelia 直接将 Jack 所说的 *glow* 理解为成人形式的 *glow*。对话中的大人则将 Jack 所说的 *glow* 理解为 *grow*（他们都没有将 Jack 说的 *glow* 认定为他在重新尝试说 *glue*）：

> *Jack*（3;4.22, talking about wires getting cut and how to glue them back）: *but if you cut it you have to **grue** it back together. that would be difficult.*
>
> *Adult*: That would be hard, yeah.
>
> *Jack*: *and you have to just **glow**, **glow**, **glow**.* （another attempt at 'glue'）
>
> *Ophelia*（4;2）: *but it cannot **glow** back together.* （accessing adult 'glow'）
>
> *Teacher*: I don't think wires grow back together. （interpreting 'glow' as 'grow'）

还有一个实验让 3 岁的孩子们说出一大张印有图片的测试纸上对应的所有物品的名称。这个实验提供了关于 /fɪs/ 现象更加令人信服的证据。随后，这些孩子会听到他们自己说每个词语标签的版本、另外一个 3 岁孩子说的版本和一个陌生大人说的版本。

他们只是在48%的时间里认出了自己说的版本,在52%的时间里认出另一个3岁孩子说的版本,但是他们在94%的时间里正确地认出了陌生大人所说的版本。实验还表明,如果一个词语有(a)正确的首音,(b)正确的音节数量,(c)正确的重音模式,那么识别出这个词语的概率就会增加。如果我们认为儿童把目标词语的成人版本储存在记忆中,那么这个实验的结果就可以得到最充分的解释。因此,储存成人版本的目标词在记忆中,可以帮助儿童识别一个陌生成人说出的词语,同时也能解释为什么当儿童或其他同龄人的发音与成人的发音偏差太多时,他们就无法识别这些语音了。

尚未分析的词块

儿童在记忆中储存的不只是单个词语,他们也会记住一些更大的词块,特别是那些在成人和儿童的言语中频繁复现的短语。举个例子,儿童经常听到/wɒtsæt/作"What's that(那是什么)";/weəz/作"where is(哪里)";/ætsə/作"that's a(那是个)";/lɛsgowautsai/作"let's go outside(我们出去吧)";/smaitən/作"it's my turn(轮到我了)"等。儿童在学会分析和辨别构成这些习用短语中的更小单位之前,就已经听到并记住这些词块了。像这样的短语作为固定形式在儿童的记忆中可能保持长达数月之久。他们对这种习语序列的依赖甚至可以帮助他们识别不规则的形式。比如,当人们向4岁的孩子提及固定形式"*Three blind mice*(三只盲鼠)"时,孩子们会一直使用 *mice* 这个形式。然而在这个阶段,他们会在其他情况下将 *mouses* 用作 *mouse* 的复数形式。

这里的重点是儿童并不会对所有短语马上进行成分分析。这样的成分分析要花费更多时间。儿童在详细地理解这些短语之前,他们通常先领会说话人在某一语境下使用这个短语或者惯用表达的目的,并在此基础上能够运用这些短语。但同时,他们在2

岁左右开始表现出对词语和短语的自主分析能力。比如，儿童会把一些复杂词语的某些部分与他们已经知道的词语联系起来：

(a) Child (2;4.3, looking at a toy car): *that a motor car. it got a motor.*

(b) Child (2;6): *does a butterfly ... make butter?*

(c) Child (2;9.10): *you know why this is a high chair? because it is high.*

(d) Child (2;9.24, at the airport): *you know what you do on runways? you run on them because they start with 'run'.*

早期词语的产出

儿童在早期的语言产出方面远不如语言理解那么好。为了说出他人可以听懂的词语，儿童从一开始就需要克服巨大的困难。语音产出要求儿童对发音通道的各个器官有灵活细致的动作控制，例如嘴唇、舌头、下巴、硬腭和软腭，这样才能让那种语言中存在对立的声音保持相互区别。而且有一些声音相比其他声音更难发出来：**r** 和 **l** 这样的流音；词尾的浊塞音，如 *dog* 中的 **-g** 或者 *bed* 中的 **-d**；复辅音中声音的组合，如 *stop* 中的 **st-** 或者 *jump* 中的 **-mp**。为了使说出的每个词语能听得懂，儿童必须为了说好语言而训练出灵活细致的发音动作技能。这需要时间，而且最重要的是需要练习。

儿童最早说出的词语常常与他们当作目标的成人版本相距甚远。这些早期发音通常采取"辅音（Consonant）+元音（Vowel）"组合的简单形式（CV），例如将"bottle（瓶子）"说成单音节的/ba/或者"that（那个）"说成/da/。幼儿更可能恰当地掌握早期词语中的词首辅音,而且通常是浊辅音。比如把"tree(树)"说成/di/时,儿童用词首的浊辅音 **d**-代替清音 **t**-。但是,他们在说词尾辅音时总是比较困难,特别是遇到词尾的浊辅音时,如 *bib*"围兜", *red*"红色"或者 *frog*"青蛙"。他们通常把尾音全部忽略,比如把"red"说成/rɛ/;或者用对应的清音形式代替,例如把"bib"说成/bɪp/。或是在一些情况下,他们会把词尾的浊辅音处理成一个末尾鼻音跟着一个清塞音的形式,例如把"frog"说成/fʷɒŋk/。总之,儿童会说那些听起来更简单的发音版本,在词尾使用那些他们已经掌握了的音。

无论成人版本的目标词语有多长,儿童早期的很多词语都是 CV(有时重复成 CVCV 的形式)或者 CVC 的形式。他们可能一开始会把成人版本的 *ball*"球"、*bottle*"瓶子"和 *button*"按钮、纽扣"都说成/ba/。虽然这几个词的成人形式都是以 **b** 开头,但在缺乏足够语境的情况下,儿童有些语音产出很难和相关的成人目标形式联系起来。例如,一个 18 个月大的孩子会把成人词语 *squirrel*"松鼠"说成/ga/。以下的一系列行为可以解释这是如何发生的:

> *Squirrel*, phonetically /skwɪrəl/
>
> "*Squirrel* 这个词语的发音是/skwɪrəl/"
>
> (a) Simplify the initial consonant cluster:
>
> "简化词首的辅音丛"
>
> drop the fricative /s/ and the glide /w/, leaving /k/
>
> "丢掉擦音/s/和滑音/w/,保留/k/"
>
> (b) Voice the initial stop: /k-/ → /g-/
>
> "将之后词首的塞音/k-/浊化成/g-/"
>
> (c) Drop the liquids /r/ and /l/ (too hard to say)
>
> "然后丢掉流音/r/和/l/(对于小孩来说太难说了)"

> (d) Go for the maximal vowel, with an open vocal tract, changing /ɪ/ → /a/
> "将声道打开,将原来的元音/ɪ/变为开口度更大的/a/"
> • Outcome for production:/ga/
> "最终儿童产出该词的结果是:/ga/"

随着儿童越来越擅长说单音节词,他们有时会采用某些临时的"模板"来处理更加复杂的(多音节)词语形式,并把这些模板套用在任何恰巧符合这个模板的词语上。这些模板可能通常与目标词语中的特定语音或者语音组合相对应。例如,一个孩子会根据共有的中间音-k-,把 blanket "毯子"、monkey "猴子"和 slinky "弹簧玩具;机灵鬼"归成一类,同时会重复第一个音段(第一个音)与一个元音的组合。因此在数周的时间内,这个孩子会分别把"blanket"说成/babɪk/,"monkey"说成/mʌmɪk/,"slinky"说成/lɪlɪk/。然后"blanket"和"slinky"又被说成/bakɪt/和/lɪlɪŋk/。再过数周以后,这三个词语以一种接近成人的形式被孩子说出来,"blanket"说成/baŋkɪt/(只缺失了词首 b-后面的 l),"monkey"说成类似成人的/mʌŋkɪ/,"slinky"说成/lɪŋkɪ/(缺少词首的 s-)。在所有这些过程中,这个孩子的目标有两方面:(a)用一种一致的形式来产出词语;(b)这种形式是他人能够辨认的。

练习

儿童只有通过不断的练习才能说出他人能够听懂的词语。他们做的练习有:在游戏的过程中对自己进行评价,在睡觉前重新排演白天的经历。当然,在和身边的人互动的过程中,他们也进行着大量的练习,尝试把他们自己的意图表达清楚,对他人的评论和提问做出回应。

当儿童练习的时候，他们会练习发音，正如 2 岁的 Anthony 睡前独白所记录的那样（例中将他练习中的话语序列用斜杠分隔成单个的话语表达）：

- back *please* / berries / *not* barries / barries ba barries barries / *not* barries / berries / ba ba

Anthony 也会练习建构和分解短语，如：

- block / yellow block / look at the yellow block light / see yellow blanket / up there in yellow light
- Anthony jump out again / Anthony jump another big bottle / big bottle

另外，他还会练习多种不同的语法模式，如：

- what color / what color blanket / what color mop / what color glass
- I go up there / I go up there / I go / she go up there
- put on a blanket / white blanket / and yellow blanket / where's yellow blanket

儿童会在游戏的过程中得到更多练习的机会。比如，在评价他们自己的游戏时，儿童会尝试变换语言组织方式和语序。当他们为娃娃、卡通角色、动作玩偶、小动物或者汽车收藏设计不同的场景活动时，他们会描述正在发生的事情。当儿童在搭积木、把动物安置到它们的农场、为一辆玩具卡车在各种家具间穿梭的冒险旅程配上"呜呜呜"的声音时，他们会在诸如此类的独自玩耍活动中评价自己的行为动作。另外，当和同龄小伙伴或兄弟姐妹一起计划扮演游戏时，他们会练习自己要说的内容，在指派角色时会给出扮演的指令，并详细说明动作序列的顺序。例如：

> *John's older sister* (4;0): I know, you can be the daddy and I can be the mummy. Yes?
>
> *John* (2;0): *yes.*
>
> *J's older sister*: Right, we've got a baby haven't we?
>
> *John*: *yeah.*
>
> *J's older sister* (*addressing him by Father's real name*): Henry.
>
> *John*: *yeah?*
>
> *J's older sister*: Have you got any babies?
>
> *John* (*inaudible, then to adult observer*): *I a daddy.*

儿童练习的内容包括：对计划好的话语中的词语进行搜索，后续话语怎样衔接，以及如何抓住合适时机来转换话轮，这就是说，当儿童参与对话时，他们要准时地进入对话。在提前计划一段话语的过程中，儿童先要想好说什么，然后搜索相关的词语，再把这些词语放入合适的句法结构中，最后把它们说出来。对儿童来说，没有一个步骤是容易的，正如从1岁开始儿童在对话中表现出的长时间停顿那样，他们甚至在话语表达的单个词语之间也会出现这样的长停顿。同时，在给某个事物贴标签命名或者解释他们所想要的事物时，儿童显而易见的努力也说明这些步骤对他们来说并不容易。为了达到语言表达时必不可少的流利程度，他们必须努力练习。

转换话轮

在正确的时间点进入对话是儿童要花费时间学习的另一个技能。为了能顺利地转换话轮，他们既要在听别人说话时快速地搜索词语,也要能流利地产出他们自己的后续话轮。在出生后的第1年,婴儿通过冲大人微笑、跟随大人的眼神和观察大人的手部动作等方式来进行互动。随着逐渐长大,他们通过发出声音然后以咿呀学语的方式进行互动。但是,他们经常和成人所说的话语发生重叠,并且只在一些交换游戏中,如躲猫猫或者来回传递物品,他们才开始建立一个"一次一个说话人"的清晰的话轮转换模式。当儿童开始产出第一批词语的时候,他们每次都要花很长的时间才能开启自己的话轮。和一个成人对话时,他们可以依靠成人的等待来开启自己的话轮。但是他们的哥哥姐姐不会等他们,所以在与父母和哥哥姐姐的对话中,一个2岁的孩子很容易跟不上节奏。即使他们成功地转换了一个话轮,但也会延迟很久,最多的时候会晚2秒。(在对话中一个1秒的停顿已经很长了。)结果,与他们的话轮内容本该相关的时机至此已经错过。这就导致他们实际说话时的内容似乎已经变得不切题了。

在回答问题的过程中,儿童需要时间思考答案,所以是非问句一般比特殊问句更容易回答而且回答得更快。少数特殊问句可以用手势回答——例如问地点(Where)和选择(Which)问句。当被问到某物在哪里(where)时,如果他们听懂了大人在问什么(如Where's your bib? "你的围兜在哪里?"),1岁的孩子可以简单地指向这个地点。同时,当被问到他们想要哪一个(which)东西时(如一个苹果还是一个李子),如果他们理解了词汇标签所代表的事物,他们同样可以简单地指向他们的选择。儿童早期依赖指向手势回答问题的现象说明他们在能够搜索并说出相关词语之前,心中可能已经有答案了。

幼儿很早就意识到,他们需要在其他人停下说话以后立刻回应并接替话轮。到了2岁的时候,有些儿童已经学会了一种开启话轮的策略。他们会用 Mmm 或者 Uh 来表示他们即将说话,但是还没有搜索好必要的词语。总之,词语和话语的产出与计划所说内容的过程是息息相关的。

小结

儿童在很早的时候就可以分辨声音之间的区别,并在数月之后开始识别反复出现的声音序列。又经过一段时间后,他们开始关注周围语言中的声音。只有在他们能够辨认声音序列并将某些意义与这些声音序列关联起来之后,他们才开始在记忆中积累词语。他们对词语的表征是基于成人词语的产出:儿童需要利用这些词语表征来辨识其他人说的词语。当他们尝试自己说出特定词语时,也依赖相同的成人词语表征作为目标形式。

早期词语的产出是很困难的,而且儿童早期的词语形式一般不易被听懂。儿童必须练习说词语,也要尽可能地练习调整词语的形式,只有这样才能与它们对标的成人词语形式匹配起来。同时,儿童也需要练习搜索相关的词语,例如在回答问题的时候,这样他们才能在恰当的时机参与到对话之中。一般来说,当孩子将更多的注意力集中到搜索与产出的时机上时,他们的语言使用就会表现得更加流利。

第 3 章

意义与词语的匹配

　　缺乏意义的形式不能有效地用于交流。儿童意识到,当遇到一个陌生的词语时,他们必须辨认该形式所传达的意义(或者部分意义),即需要解决所谓的形义匹配问题(mapping problem)。为了实现形义匹配,儿童需要做出怎样的努力?儿童需要辨识指称表达所选范畴中的实例,如 *the dog*"狗",*the little train*"小火车",*the baby*"小孩"或者 *the flower*"花"。这就是说,他们需要知道一个特定的词语用来指称什么,这样才能在遇到任何包含这个词语的指称表达时辨认出相应的所指对象。这种对所指对象的初步识别可能是一种猜测,可能是不完整的,甚至是错误的,但儿童可以根据成人的用法来调整他们对意义的初步指派和匹配。成人的反馈可以帮助孩子改进最初的猜测,并使得他们实现更加符合交际需要的匹配。在成人的用法和反馈的共同作用下,儿童能不断地更新自己的形义匹配。

(a) Adam (2;4.15): *wat dat*?
　　Mother: What is that?
　　Adam: *I don't know. giraffe. bunny-rabbit.*

> *Mother*：That's a kangaroo.
>
> *Adam*：**kangaroo**.
>
> (b) D (2；8.14，with a toothbrush in his hand)：*an' I going to tease*.
>
> *Mother* (puzzled)：Oh. Oh，you mean you're going to pretend to do your teeth?
>
> D：*yes*. (then，as father came by a minute later)
>
> *Father*：Are you going to do your teeth?
>
> D：*no，I was* **pretending**.

如何让词语指称正确的对象是词义习得的一个重要方面。儿童利用概念与社交资源信息给新词暂时赋予尝试性的意义。在概念方面，儿童会依靠他们在 1 岁时建立的概念范畴。这些概念范畴包含各种事物类型、动作类型和连接事物彼此关系（如，a plate on a table"在桌上的一个盘子"，a ball next to a flowerpot"靠近花盆的一个球"）或连接事物与动作关系的类型（如，drinking from a cup"用一个杯子喝水"，sitting on a chair"坐在一个椅子上"）。在社交方面，成人与儿童言谈互动时会谈论当下周围的环境，以及此时此地的事物，儿童会利用这种互动中内在的信息来交际。孩子现有的有关特定范畴的知识和大人在交谈时所提供的词语，共同构成他们意义匹配所需信息的主要来源。为了建立某个词语形式与意义的初步匹配关系，儿童需要追踪大人在具体场合下为表达某物和某事所使用的词语。

需要注意的是，指称表达与所指对象之间并没有一一对应的关系：说话人可以在不同情景下选择多种指称表达形式指称相同的实体。比如，*the dog*"那条狗"、*the spaniel*"那条西班牙猎犬"、*the guard*"那条看门犬"、*the barker*"那条狂吠的狗"、*the dribbler*"那条流口水的狗"或者 *that animal*"那个动物"，这些指称表达都可以用来指称一条具体特定的狗。同样地,说话人可以用 *the brick*"那块砖"、*the book-end*"那个书立"、*the doorstop*"那个门挡"或 *the step*"那个垫脚石"来指称一块砖头,这些指称表达由每个场景中砖头的不同功能所决定。说话人在每一个场合下所选用的指称形式都是从一个特定的角度向受话人(也即儿童)表达的。

词语意义的另一面是词的**义项**(the *sense* of a word)——一个词语是如何与同一语义场中的其他词语联系起来的。语义场通常被看作是概念域(conceptual domain),并且语义场通常代表着概念域。以词语 *horse*"马"为例,这个词语可以通过包含关系与 *mammal*"哺乳动物"建立联系:*a horse is a kind of mammal*"马是一种哺乳动物"。同时,*horse* 作为一个上位词(superordinate),包括了 *stallion* 和 *mare*(分别是成年种马和成年母马)、*colt* 和 *filly*(分别是未成年公马和未成年母马)以及 *foal*(马驹)。随着儿童词汇量的增加,他们要学习词语在意义上是如何相互联系的(词语的义项)以及这些词语是如何用于指代(词语的指称)的。并且,随着儿童向词语意义中添加越来越多的细节,他们逐渐开始把相关的词语进行归类,那些在特定方面具有语义共性的词语将被归到同一个语义场中。

让我们来看关于鸟的语义场。幼儿通常一开始只会少数表示鸟的词语,例如 *duck*"鸭子"(水里的鸟)、*chicken*"鸡"(地上的鸟)和 *bird*"鸟"(天上飞的鸟)。他们逐渐在此语义场中增加更多的词语,并且发现 *bird* 是 *duck*,*chicken* 和 *owl*"猫头鹰"的上位词。他们还会发现有些鸟会游泳(*duck*,*goose*"鹅",*swan*"天鹅"),多数鸟会飞(*swallow*"燕子",*owl*,*pigeon*"鸽子",*woodpecker*"啄木鸟")以及还有更多关于鸟的不同分类——白天活动还是夜间活动的、海鸟、水鸟、鸣鸟、掠食鸟等。但是,儿童在对话交际中对范畴与子范畴中相关词语的习得决定了他们如何构建与重组每个子语义场。

儿童也遵循同样的过程来习得表达事件中动作和关系的词语。他们必须辨认用于谈论特定动作和关系的词语形式。比如，他们需要辨认出不同的动作，如"throwing（扔）""running（跑）""eating（吃）""drinking（喝）""feeding（喂）""breaking（打破）"和"opening（打开）"，并且还要把这些动作与相应的成人词语匹配起来。他们也需要辨认不同的关系，如"being in（在里面）"或者"putting in（放进去）"、"being on（在上面）"、"going into（进去）"和"going out of（出来）"、"going up（上来）"和"going down（下去）"、"between（在……之间）"、"along（沿着）"、"under（在……下面）"以及"beside（在……旁边）"。儿童关于关系的知识、物体相关特征的知识（可移动的或者正在移动的物体）以及物体与其平面或参照点之间位置关系的知识，都决定了词语形式和意义的匹配。在匹配过程中，儿童必须注意每个词语是如何用于指称相关范畴的，以及每个词语在语义场中是如何与语义邻近的词语相联系的。

儿童关于词语以及词语之间语义关系的信息主要来自大人。常见的词义关系包括类属（class-membership）或者包含（*a raccoon is a kind of animal*"浣熊是一种动物"）、部分与整体（*those are the rabbit's ears*"那是兔子的耳朵"）、功能作用（*the sieve is for straining rice*"这个筛子是用来淘米的"）、个体发生（*a foal is a baby horse*"驹是一种幼年马"）以及其他各种与词语义项相关的信息。在和成人的交际互动中，儿童也要辨认与成人使用的指称表达相应的所指对象。这些指称形式都是在语境中从一个特定的角度选定的，用来表达具体的物体、动作以及关系。词语的义项和指称共同构成意义的两个方面，这两方面是儿童习得词义时要弄懂的。

形式和意义的速配

关联形式与意义的第一步是速配,这种速配由共同关注、物理同现和会话共现(详见第 4 章)。儿童在听到一个新词语时,会根据语境立刻为这个词语指派初步意义。之后他们会依照这个初步意义使用该词语,直到注意到自己的词语用法与成人的不尽相同,或者直到他们获得了更多关于词义的信息。儿童早期对多数词语的过度延伸(over-extensions)使用,证明他们会对词语的形义进行快速且不完整的匹配。儿童对词语的过度延伸使用会把一个词的指称范围扩展至成人用法所不包含的事物。他们会过度延伸早期词语的 40%~60%,这通常发生在他们的词汇量还很小的时候,比如掌握了 100~200 个词语。下文展示了一些基于形状、运动位移和尺寸进行过度延伸的典型例子。幼儿也会基于质地、味道和声音进行过度延伸,但是绝大多数情况都是基于形状的相似性。

日记记录者记下的过度延伸现象表现出了显著的、跨语言的相似性:儿童会思考听到的词语形式的第一个指称对象,并由此开始延伸,通常是会过度延伸这个词语的用法。这些过度延伸现象在 1 岁到 2 岁半之间最为常见。每个过度延伸的词语会持续使用几天到数月不等。当儿童的词汇量还很小的时候,这些过度延伸现象的出现是由当时的交际需要所决定的。但是,随着儿童向最初的形义速配增加更多的词义信息,而且随着他们在相关的语义场中增加更多的词语,儿童就会缩小过度延伸的范围。最终,他们的词语使用会更加接近成人规约的词义和用法。

词汇项	首次指称对象	以出现顺序排列的延伸或过度延伸
mooi	moon"月亮"	蛋糕;窗上的圆形标记;窗上或书里的字迹;书里的圆形;书封面上的图案;圆形邮戳;字母O
buti	ball"球"	玩具;萝卜;公园入口的圆石
ticktock	watch"手表"	钟;所有钟表;煤气表;卷着的消防水管;圆形表盘的浴室秤
kutija	box"箱子"	火柴盒;抽屉;床头柜
cotty-bars	bars of cot "儿童床栏杆"	大型玩具算盘;烤面包架;有圆柱的建筑
titi	animals"动物"	动物的照片;移动的事物
birds	sparrows"麻雀"	牛;狗;猫;任何移动的动物
tutu	train"火车"	引擎;移动的火车;旅行
fly	fly"苍蝇"	灰尘粒;尘土;小昆虫;自己的脚趾;面包屑;癞蛤蟆
pin	pin"大头针"	碎屑;毛毛虫
koko	cock crowing"鸡鸣"	小提琴的曲调;钢琴的曲调;手风琴的曲调;留声机的曲调;所有音乐;旋转木马

在成人提供一个新词语之后,儿童自然地会向新词语的意义中添加更多的信息,如下面的交际互动:

> *Child* (1;8.12, looking at picture of owls in new book):
>   *duck. duck.*
> *Mother*: Yeah, those are birds. <looks at picture>
>   They're called owls. <points at picture>
>   Owls, that's their name. Owls. <looks at child>
> *Child*: **birds.**

> *Mother*: And you know what the owl says?
> <points at the picture again> The owl goes 'hoo'. 'hoo'.
> *Child*: **owl.**
> *Mother*: That's what the owl says.
> *Child*: **hoo.** <smiles>
> *Mother*: that's right.

值得注意的是,儿童会确认提供给他的每一条信息——这张图片上是鸟;这些鸟是猫头鹰;猫头鹰的叫声是"hoo"。这是通过在连续的话轮中重复 *birds*"鸟"、*owl*"猫头鹰"和 *hoo* 来实现儿童对信息的确认的。实际上,成人通过提供词汇标签 *owl* 以外的附加信息,将这类鸟归到合适的语义场中(与 ducks"鸭子"同属一个语义场),并为儿童提供关于这类鸟的区别信息(它们的鸣叫声)。成人通常在提供新词的同时,还会补充能够体现该词所指对象的类属或包含关系的信息。他们也会添加关于指称对象特性、部件、功能(如果有的话)和动作的信息,以及其他细节,比如栖息地、食物和幼崽。

引出并记住新词

儿童从很早开始就认识到周围的事物在语言中都有规约的词语来表达指称,并且从 1 岁半开始,他们越来越频繁地问"What's that?(那是什么?)"。这些问句的作用是为了从更加熟练的成年说话人那里引出相关的词语。但是儿童此时还记不住这些词。据研究发现,在一个实验场景下测试儿童对词语的理解和产出能力,2 岁半以下的儿童在仅仅 24 小时以后几乎就遗忘掉实验中听到的词语。随着儿童逐渐长大,他们掌握新词的速度会随之加快,经常是在一听到新的词语后就尝试说出该词,并且能记住他们听到的更多的词语。在一个更加自然的学习新词的场景中(读故事书的场景),研究发现,相比含有相同数量目标词语的多个不同故事,儿童在反复阅读同一故事的过程中会记住更多的新词。学习新词的语境和反复的接触都会帮助孩子确定初步的词义匹配。

在此过程中,最重要的是儿童有学习新词的机会。他们在日常对话中就会遇到很多陌生的词语。这些新词的意义需要儿童在语境中进行推断才能获得。他们的推断可能被后续成人的用法和成人对儿童用法的接受所支持。在其他情况下,当儿童误用一个新词时,他们会从成人那里得到明确的反馈,这种反馈通常是提供更多成人用法的例子。还有一些情况,儿童不仅获得成人有意明确提供的新词,还会获得该词所关涉的指称对象、动作或者关系的额外信息。这种明确有意地提供新词并经常伴随额外信息的情形,正如上文关于 *owl* 的对话展示的那样。在成人与儿童的自然对话中,对新词的接收、使用与反馈的模式很容易观察到。

研究人员也用实验方法探究儿童早期的词语学习。这类实验主要研究在有一个陌生的指称对象和熟悉的指称对象的场景下,儿童如何将一些意义(通过速配)指派给一个生造的假词(nonsense word)。儿童推断他们听到的新词一定指称那个陌生的事物(否则说话人会使用儿童已熟知的词语)。这些实验的结果认为,儿童确实进行快速匹配:他们立刻给一个首次听到的新词指派某些意义。但是由于他们的年龄和接触词语的次数,一个新词可能不会被记住很久。实验研究也表明,接触一个新词的语境影响了儿童将新词指派给一个事物范畴还是动作范畴。但是,这些实验并没有研究反馈的作用,以及后续成人用法在儿童掌握新词中的作用。此外,影响儿童词语习得的另一个重要因素是他们需要在使用新词中不断地获得练习机会。但这同样要求儿童在各种不同的语境下更多地接触新词。当获得了更多的练习与反馈后,儿童就有更多的机会去添加、改善或者调整那些初次指派给新词的意义。

早期词汇

儿童是从哪里学到第一批词语的?是从他们身边的语言活动中学到的。我们要知道的是,成人与他们的孩子交流时谈论的是此时此地的事物,谈论在那个时间、那个场合他们正在做的事情或者正在玩耍的活动。在儿童最早学会的 100 多个词汇中,哪些是他们早期经常说的?在儿童 1 岁左右时所说的话语中,无论说何种语言的儿童是不是都首先谈论一些相似的事物,并因此产出一些相似范畴的词语?最早说出的词语种类在儿童个体之间和跨语言之间都展示出了极强的相似性。但随着儿童长大,他们能用词语表达的事物范围具有较大的差异性,这种差异由社会阶层与习得的对象语言所决定。

在 1 岁至 1 岁半之间,儿童谈论身边的人、家用物品、玩具、饮食、衣物、动物、交通工具和一些身体部位等。他们也会谈论儿童导向(child-oriented)的事件活动、日常生活、声音和动作。下面的方框中展示了每个类别中儿童产出的常见词语。

> *People*"人": daddy, mommy (1;0), baby (1;3), grandma, grandpa (1;6)
>
> *Food/drink*"食物/饮品": banana, juice, cookie (1;4), cracker, apple, cheese (1;5)
>
> *Body parts*"身体部位": eye, nose (1;4), ear (1;5)
>
> *Clothing*"衣物": shoe (1;4), sock, hat (1;6)
>
> *Animals*"动物": dog (1;2), kitty, bird, duck (1;4), cat, fish (1;6)

> *Vehicles*"载具"：car（1;4），truck（1;6）
> *Toys*"玩具"：ball（1;3），book，balloon（1;4），boat（1;6）
> *Household objects*"家用物品"：bottle（1;4），keys（1;5）
> *Routines*"日常活动"：bye（1;1），hi（1;2），no（1;3），night-night（1;4），bath，peek-a-boo（1;5），thank you（1;6）
> *Activities（sound effects，motion，state）*"活动（音效、动作和状态）"：uh-oh（1;2），woof，moo，ouch，baa-baa，yum-yum（1;4），vroom，up，down（1;5）

方框中所示的年龄是儿童说出该类别中每个词语的中位数年龄（在一个大的定额样本中，有一半的儿童说出相应的词语要早于所示年龄，另一半儿童则晚于所示年龄）。

到了 2 岁，儿童会说出 50 到 500 多种类型不等的词语（这是该年龄段产出词汇的常规范围）。并且他们技巧性地使用自己的词语来选定事件中的特定角色，比如他们会称呼进入房间的人 *dada*，用 *down* 来指坐下或者走下去的状态，或用 *step!* 表示他们想要出去（从 mind the step"小心脚下"引申而来）。在儿童第一年的话语活动中，他们从日常互动特别是从与父母的读书活动中掌握新词。在这个过程中，他们的词汇量稳步积累增加。

建立词汇域

儿童刚开始建立词汇域（lexical domain）时会很缓慢，如第 2 章所示，早期的词语产出常常是无法辨认的，意义有时也会错配。他们在言语产出中添加新词需要时间，产出能够被辨认的词语版本也需要时间。英语儿童早期产出的词语绝大多数都是表示物体的词语，伴随小部分表示动作的词语。从跨语言的角度来看，在不同语言儿童的早期词汇中,表物体的词语和表动作的词语之间的数量不尽相同。部分原因是,在一个语言中像 the boy "那个男孩"这样的名词表达再现时是否允许被省略,即论元省略(argument ellipsis)。例如,在日语或韩语的自然交际中,论元可以省略,这导致父母使用动词比名词多。因此在早期,习得这些语言的儿童会比习得英语的儿童掌握更多表示动作的词语(动词)。

随着儿童能产出越来越多的词语,他们会为不同的词汇域建立次级词汇(sub-vocabularies)。比如他们在积累表示动物的词语时,会在早期词语如 dog "狗"和 kitty "小猫"的基础上添加关于家畜和动物园中动物的词语,以及他们在学习动物栖息地时掌握的更加专业的动物名词,如 sea otters "海獭"、chipmunks "花栗鼠"、vervet monkeys "长尾猴"。除了这些新的动物名词以外,他们还会添加表示每个动物动作和活动的动词:行动的方式(walk "行走"、trot "小跑"、canter "慢跑"、gallop "奔驰")、它发出的声音(neigh "嘶鸣"、whinny "马嘶声")、它的栖息地(stable "马厩"、paddock "牧场"、field "田地"、hills "山丘")以及它的食物(grass "草"、oat "燕麦"、hay "干草")。这些词汇域需要耗费时间才能建立起来,并且大多数依旧是不完整的,即便对成人来说也是如此。

孩子们也会添加表示载人工具的名词(如 car "汽车"、boat "船"、plane "飞机"、bicycle "自行车"、sled "雪橇"、cart "马车"和 scooter "滑板车")和表示汽车子类的名词。他们会添加表示所有身体主要部位的词语,通常是先学会上半身的词语之后,再学会下半身的词语。他们也会添加表示衣物、食物和餐具的词语。还有表示不同玩具的词语也会被添加到词汇域中。此外,他们还添加代表事物(例如衣服、玩具弹珠和积木)相关活动的词语:put on "穿上"和 take off "脱下"、put in "放进去"或 on "放上面"、open "打开"和 shut "关上"。还有一些表示他们自身活动的词语:walk "走"、run "跑"、sit "坐"、play "玩"、paddle "戏水"、swim "游泳"和 dig

"挖"。在联系物体与动作、角色与事件的过程中,他们逐渐把自己周围的概念空间与语言形式匹配起来。通过这个过程,儿童可以给更多的词汇域(或次词汇域)添加词语,随后使得每个词汇域更加详尽,并在学习和添加新词后建立起新的词汇域。

空间、位移、目标和来源

当儿童为空间中的位移匹配词语时,他们必须注意目标物体(figure)的性质(正在移动或者正被放置于某处)和物体位移发生的背景(ground)的性质。1岁的儿童在早期不仅偏爱开口朝上的容器(像盒子、果酱罐或碗),也偏爱把小的物体放进这种容器中。也就是说,如果让他们选择把某物放在容器里边还是容器旁边,他们总是选择放进容器里。他们在早期也更偏爱处于表面上的物体(而不是下面或旁边)。并且,物体应该与任何更大的参考点或者平面并置紧挨着接触,而不是把物体放在有近距离间隔的位置。也即,就物体位置关系而言,儿童更偏爱紧挨着接触的而不是在物体和接触面之间留下空余空间的位置关系。

这些概念组织原则为空间词语(如英语中的 in "在……里"和 on "在……上")的初次匹配提供了一个基础。这些空间词语表示静态或动态的关系,在相关的事件中儿童通过放置或者移动改变物体间的相互关系。然而,空间位移关系与词语的匹配在不同语言中表现出很大的不同。在韩语中,表示放置"in"的动词同样需要考虑物体与接触物之间的贴合是紧密(例如磁带在它的塑料盒中)还是松散(例如一个苹果在碗里)。对贴合紧密程度的关注决定了每个情景下说话人如何选用动词。到了2岁的时候,说韩语的孩子就可以一贯地区分表达这两种关系的动词。

还要注意的是,尽管英语的"in"包括了静态与动态空间关系中物体之间的紧密与松散贴合程度,但是"in"还可以延伸至非空间范畴,例如时间(*in a moment*"一会儿")、状态(*in a huff*"生闷气")和音高(*in C-major*"C大调")。"on"也可以延伸至非支撑的表面(*on the wall*"在墙上"、*on the ceiling*"在天花板上")和时间(*on Friday*"在周五")。这种延伸模式有时是由具体语言决定的,所以不同语言环境的儿童习得空间词语的过程有所不同。

如何谈论空间中的位移是词汇学习方面的另一重要领域,它同样表明不同语言的词汇具有不同的匹配方式。先看看英语的动词 *stroll*"散步"和 *run*"跑":*stroll* 表达一种轻松且缓慢的动作位移方式,而 *run* 表达在空间中快速的运动位移。类似英语的语言通常将位移与方式的信息组合到表示位移的动词之中,考虑一下 *wander*"漫步"、*meander*"徘徊"、*stroll*"散步"、*jog*"慢跑"、*run*"跑"和 *race*"赛跑"的区别。而关于位移方向的信息则用一个介词短语添加到动词之后:*wander towards the river*"向河边漫步"、*jog round the pond*"绕着池塘慢跑"、*run up the hill*"跑上山"。相反,其他语言把位移和方向的信息组合到动词之中,然后单独添加方式信息。例如西班牙语中,*subir* 表示"go+up",*bajar* 表示"go+down",*entrar* 表示"go+in"(英语只有少数这样的动词)。在西班牙语中,关于方式的信息则用一个动词分词形式添加进去(*corriendo*"running"、*flotando*"floating"),或者可以从给定位移发生的地形地势信息推断出来(例如,*across a ploughed field*"穿过一片耕地"和 *down a cliff path*"沿着悬崖小径而下")。对于儿童来说,他们首先要弄明白听到的位移动词是组合了位移和方式还是位移和方向。用来识别位移目标的介词短语通常会帮助儿童进行这种区分,例如 *He ran into the house*"他跑进了房子里",而西班牙语则会说 *Corrió a casa y entró*"He ran to the house and went in(他跑向房子然后进去了)",这就是说,一个人先跑到了目标那里,然后进入目标内。这两种语言将同一事件与词语进行了不同的匹配。儿童需要辨认他们所习得语言中的相关匹配模式,然后将合适的意义指派给他们语言中表示位移的动词。

言语行为意义

儿童依赖手势，特别是用手去指或伸手去够，来表达他们对一个事物或者事件的兴趣（通过用手指向该物），或者表达得到某物的欲望（通过伸手够该物）。这些初始的言语行为大约在孩子10个月大的时候出现。用手去指的动作随后伴随着词语的表达：*that*"那个"、*there*"那里"或者所言物体的名称如 *kitty*"小猫"。儿童会通过发牢骚抱怨的方式为伸手够这个动作增加欲望的强度，然后伸手够的动作被替换为 *want*"想要"、*want-it*"要这个"或 *gimme*"给我"这样的词语。用手去指的动作是断言（assertion）的前期行为，而伸手去够的动作是提出要求的前期行为。

只有到了后来，儿童才能理解并增加例如承诺或警告的言语行为。为了掌握这些言语行为，他们需要对每个场景中说话人的意图做出合适的推断。他们也要学习这些行为的社交惯例和行使这些行为的社交范式，例如问候、告别、礼貌地请求（*please*"请"……）和感谢。最后，他们也要学习如何以言行事。以言行事是指某一动作在说出言语的过程中就完成了，例如 *I name this child Sophie*"我为这个孩子取名叫 Sophie"，这话一经说出，这个孩子就得到了她的名字。理解说话人的意图需要辨认每段话语中所使用的言语行为。这反过来让儿童将每段话与一个请求、一个承诺或者一个断言匹配起来，而这种匹配由说话人、说话场景和语境来决定（详见第7章）。

语法结构意义

语法结构同样具有意义，并且语法结构通过特定的组合和框架为结构中的词语增加了新的意义维度。例如,动词 *walk*"行走"可以出现在一个含有主语和动词的不及物结构中(*He is walking* "他在走着"),或者出现在含有主语——动词——宾语语序的及物结构中(*He walks the dog* "他常遛狗"),或者以 *cat*"猫"、*dog*"狗"和 *chase*"追"举例。如果我们把这三个词放到主语——动词——宾语的英语及物结构中,可以得到 *The dog chased the cat* "狗追猫"。这个语法结构确定了语义角色,第一个名词短语(主语)的指称对象确定了动词所描述动作的施事(agent)。这个施事(*the dog*)将其行为施加在宾语上(第二个名词短语的指称对象 *the cat*)。其他语法结构会添加不同的语法意义。不及物结构确定了施事或行为主体,即唯一与动作相关的角色,例如 *The boy ran (along the path)*"男孩(沿着小路)跑步"。额外的短语 *along the path* 提供了关于动作地点的信息。这种信息也可以添加到及物结构中。对于致使结构(causative construction)指派的语法意义,我们可以总结为[施事——造成状态变化——受影响的宾语],如 *Tommy broke the branch*"汤米折断了树枝"。这里的致使事件是"折断"表示的动作,Tommy 是施事而树枝是受影响的宾语。这说明,不同的语法结构会给其中的名词和动词添加不同的语法意义(详见第5、6章)。

指称和指称表达

当儿童试图要听懂别人在说什么时,他们需要辨认说话人所说的指称表达:像 *the fish*"鱼"、*that stone*"那块石头"、*some apple sauce*"一些苹果酱"。如果指称表达中含有儿童熟悉的词语,他们就更容易跟上说话人想要谈论的内容。儿童还要知道指示代词(demonstratives: *this*"这个"、*that*"那个")和人称代词(*he*"他"、

you"你（们）"、*they*"他们"①）的作用，因为这些词也有指称功能，并且被说话人用来标记连续出现的指称对象。

从一开始，儿童所推断出的词汇匹配就取决于他们对词义的掌握。他们需要辨认提及的指称对象，并在整个言语交际中追踪这个实体的后续指称。当成人为儿童提供所说内容的不同版本时，儿童会从中获得一些练习，例如 *Pick up the blocks*"拿起那些积木"、*Put the blocks into the box*"把积木放进盒子里"、*Put the red blocks away*"把红色的积木拿开"等。在听故事的场景中，当儿童听到成人说的指称对象时，他们可以追踪每页图片上的同一事物：*Peter Rabbit*"兔子 Peter"、*the litter rabbit*"这小兔子"、*he*"他"……如果儿童已经辨认了至少一部分的规约性词义并因此掌握其可能的指称对象，那么他就能一直跟上说话人的谈话内容。最重要的是，他们可能需要推断成人话语和当前情景之间的关系。成人与儿童对同一事物、各种实体、现场出现的活动和对话中任何熟悉词语的共同关注，反过来决定了这个推断过程。假设在一个场景中，成人用"It's cold in here（这里真冷）"开启一个对话，2 岁的小孩就能容易地推断出成人想要暖和一些并寻找变暖和的办法，例如关上一扇开着的门或窗户。

	Terms with shifting reference"有指称转换的词语"	
（a）	*I—you*"我—你"	Speaker"说话人"
（b）	*here—there*"这里—那里"	Speaker & Place"说话人、地点"
（c）	*this—that*"这个—那个"	Speaker & Place & Object"说话人、地点、物体"

---

① 汉语的第三人称复数代词有三种书写形式："他们""她们"和"它们"，而英语的第三人称复数形式"they"无此区分。此处用"他们"代表"they"的汉语对应形式，下同。——译者注

续表

	Terms with shifting reference"有指称转换的词语"	
(d)	come—go"来—去"	Speaker & Place & Object & Motion"说话人、地点、物体、位移"
(e)	bring—take"带来—带去"	Speaker & Place & Object & Motion & Cause"说话人、地点、物体、位移、成因"

早期的指称表达是像人称代词 I"我"和 you"你"这样的,以及第三人称形式 he"他"、she"她"、it"它"和 they"他们"。代词是指示语(deictic):它"指向"所指称的人。例如,第三人称形式用于选定语境中的个体指称对象。但是其中一些代词很特殊:I 总是指称当前说话的人,you 总是指称当前听话的人(们)。I 和 you 也被称作指称转换语(shifters):I 的指称对象会随着每次说话人的改变而转换,同时 you 的指称对象也在两人对话中相互转换。但在早期,儿童并不能掌握这些代词的转换本质,他们会用 I 指称成人并用 you 指称自己,例如 Pick you up(=pick me up"把我抱起来")或者 You want milk(=I want milk"我要牛奶")。第一胎的孩子会比第二胎的孩子更容易弄混这些代词的转换,因为第二胎的孩子会直接从他们的哥哥姐姐那里体验到 I 和 you 的指称转换。

像 I 和 you 一样具有指称转换的指示语包括方位词 here"这里"和 there"那里"、指示代词 this"这个"和 that"那个"(以及 these"这些"和 those"那些")。英语中还有动词 come"来"和 go"去"、bring"带来"和 take"带去"。通常来说,儿童在大约 2 岁到 2 岁半时首先习得 I 和 you 这一对最简单的指示转换语。之后,他们逐渐掌握此范畴中更复杂的词语。每一对词语都与一个指示中心即说话人紧密相连,并且由此引起的对比决定了指称对象是否指向说话人,是指向说话人所处地点还是其他地点(试比较:here in the house"在家这里"、here in California"在加州这里"、here in

America"在美国这里"、*here in the Western world*"在西方世界这里")。这种对比同样适用于 *this* 和 *that* 以及它们的复数形式、*come* 和 *go* 以及它们对应的致使形式 *bring* 和 *take* 或 *send*"送去"。

小结

儿童逐渐地习得意义。他们在语境中掌握词语并给词语指派初步的意义。这第一步叫作快速匹配。但是以这种方式指派的意义只能粗略地对应规约的成人意义。所以，更多的成人用法以及成人对儿童用法的反馈帮助儿童调整这些最初的意义。随着所学词语数量的增加，儿童将学会的词语组织到语义场中；随着学会更多的词语，他们会精炼并重组每个语义场。一个语义场中的词语通过一系列语义关系联系起来，比如包含、整体与部分、性质、功能、位移动作等。这些语义关系不仅将一个语义场内的词语联系起来，也把相关的语义场联系起来。这些语义关系由词语的义项决定，但这仅仅是词义的一面，而另一面是指称：用于指称表达的词语在特定情景中选定具体的指称对象。

当说话人在特定的语法结构中说出特定的指称表达时，儿童也会考虑说话人如此说话的意图。为了了解说话人的意图，儿童需要做两件事：他们必须注意当前的共享背景，以及每个情境下成人与儿童共同关注的事物。同时，他们不仅要考虑语法结构的意义，也要考虑每个语法结构中所出现的名词与动词的意义。我们将在第 7 章和第 8 章继续讨论这个话题。

第 4 章

语言的使用

接下来我们来讨论儿童的语用技能,以及他们在习得第一语言过程中使用这些技能的情况。语用技能是关于语言使用的技能,包括:跟踪了解共同背景知识;设计编排表达说话人意图的话语,使当前的受话人能更容易达到预期的理解;根据说话人所说的内容在语境中做出合适的推断;等等。事实上,当儿童参与各种交际活动时,他们像成年人一样依赖语境中的推断来了解正在发生的事情。这些推断称为语用推理。语用通常与语言在真实场景中的使用有关,这里的语境既包括当前的物理环境,也包括与说话人共享的任何背景知识。比如,当你听到说话人说"*the birch tree*(那棵桦树)"时,你可以推断出他说的是一棵已经被提到过的树,因此这棵树是说话人和听话人共知的。相反,如果你听到的是"*a birch tree*(一棵桦树)"时,你就会四处寻找该表达可能的指称对象,可见该指称对象尚未处于交际双方的共同背景之中。我们也依赖这样的推理来关联不同的小句。如果你听到"*The picnic basket is in the car. The lemonade is still cold*(野餐篮在车里。柠檬水仍然是冰的)",你可以推断柠檬水在野餐供应品中或者是其中的一部分。也就是说,我们一直在用语用推理把说话人的话语与客观世界的事物、活动和关系联系起来。并且,我们的推理很大程度上取决于我们对说话人意图的推测,也即说话人说话的目的。

大约从 10 个月或 12 个月起,儿童开始交流他们感兴趣的东西。他们会指向吸引他们注意力的物体和事件,还会伸手去够他们想要的东西。当儿童用手指的时候,大人通常会说出被关注的物体和事件的名称:*That's a pussy cat*(那是一只小猫咪),*Oh look at the ducks*(噢,看那些鸭子),*That boy is climbing a tree*(那个男孩正在爬树)。当这个年龄的孩子想要某样东西的时候,他们会坚持用手去够(伴随抱怨唠叨)或不停地用手去指,直到大人确定他们想要的是什么。比如,在吃饭的时候,孩子想要某种特定的水果或食物,直到大人给他们的时候,他们才可能会放松下来,停止伸手。

(a) A (1;0.28, looks and reaches towards food on table)

Mother (looks at food): What do you want? <looks at baby>

A <continues to reach>

Mother (*looks at A, offers food*): This?

A (looks at Mother, accepts food)

(b) B (1;0.21, looks above and behind Mother, leans and points in direction of look)

Mother (looks at B, offers food): Hmm?

B (looks at food, bounces in high chair, pushes food away, then looks behind Mother)

Mother (looks at B, offers food): Want some?

B (withdraws from offer)

Mother (looks at B): No?

B (shakes head 'no' and bounces in high chair)

Mother (withdraws offer of food)

> B (looks at food)
> Mother (looks at B, offers food)
> B (accepts food and vocalizes, eats)

儿童还会举着盒子或罐子"要求"大人帮他们打开,会一直坚持到大人帮助完成为止。12个月大的婴儿对手势和注视的依赖表明他们渴望与照看者交流。这种渴望交流的冲动似乎是语言习得过程中的一个驱动力。

儿童早期对用手指和伸手够动作的依赖可以看作是断言(*I'm looking at that* "我正在看那个")和请求(*I want that* "我想要那个")言语行为的前身。基于手势的原言语行为(proto-speech act)在刚学会说几个词语的幼儿中被广泛应用。儿童也会用手势来回答大人的一些问题,如:*Where are your shoes?* "你的鞋子在哪儿?"—[孩子用手指鞋子来作为回答]。大人使用手势,一方面是为了设法搞清楚孩子在做什么,另一方面是为了吸引和保持孩子的注意力,从而使他们关注大人在说什么。简而言之,孩子们从他们现有的手段开始,主要是手势和注视,然后再加上词语来表达他们想要交流的内容。

语用原则

语用原则涉及如何有效地使用语言。这些原则可以用来获得说话人和受话人在有效沟通时的交际惯例。成人在语言使用中所遵循的一个总体语用原则是**合作原则**(Cooperative Principle)。说话者在交谈中相互合作。他们会考虑每个人已经知道的内容,以及他们能从说话人提供的信息中合理推断出的内容。儿童从很小的时候就观察到这种合作,但是他们需要花上几年的时间才能理解完整的合作意味着什么。比如,在会话交际中合作意味着双方的话语应该:(a)真实可信,(b)要有关联,(c)要清楚,(d)提供交际所需的信息量。然而,儿童需要花一些时间去学习什么才是交际中完整的合作,比如在回答一个问题时,他们会预估应该提供多少信息为宜。当然,合作原则只有在交际双方就如何进行交流达成一致的情况下才能起作用,比如说话人要确定最佳的词语和结构用于特定的场合表达明确的意义。

交际双方还需要遵守另外两个原则来指导语言的使用:**规约性**(conventionality)和**对比性**(contrast)。规约性原则是说,对于某些意义而言,说话人认为在该语言社区中有其应该使用的常规语言形式。然后,说话人希望彼此能使用常规形式来表达他们的意图。如果他们在特定场合没有使用预期的规约形式,而是创造了一个新词,那么受话人就会推断认为说话人一定有别的意思,也即在那个言谈场景中说话人使用新词所能捕捉到的信息。要真正地融入任何一个语言社团,都要依赖于习得该语言中规约的形式-意义配对,这些都是成人在与孩子交谈时传授给他们的。

规约性和另一语用原则即对比性密切相关。对比性原则是说,说话人认为任何形式上的差异都意味着意义上的差异,在语言中没有真正的同义词。换句话说,两种不同的形式不可能有完全相同的意思。注意这里的不对称:一个形式可以有几个不同的意思。这是因为说话人很容易扩展单词的意思,将意义延伸到类似或相关的例子中。词语 *head* "头"指的是身体的一部分,但它在英语中已扩展为主要负责人的意思,如:*head of the school* "学校校长"、*headmistress* "女校长"、*head of government/state* "政府/国家首脑",而且还进一步扩展出其他用法,如:*head of the valley* "山谷的顶端"、*head of the bed* "床头"等。

儿童在语言习得中很早就掌握并会利用规约性和对比性这两个语用原则。当他们听到像 *big* "大"和 *bag* "包"这样的词时,他们认为这两者一定有不同的意思,就像 *ball* "球"和 *bell* "铃",或者

ball"球"、*call*"呼叫、电话"、*hall*"大厅"和 *tall*"高"一样。观察对比使儿童的语言形式和意义的匹配能力得到了很大的提高：不同的形式一定有不同的意义，所以儿童不需要核实一个新词的意义是否与他们已知的任何一个词的意义重合。如果遇见的词语形式是不熟悉的，那么这个词的意思一定与已知词语的意思不同。同样，对规约性和对比性语用原则的依赖也是成人使用语言的基础。

共同背景

在会话交际中，关涉双方合作的一个因素是说话人要关注对方知道什么（或不知道什么）。这对说话人如何编码自己的话语至关重要。原因之一是，对话的过程依赖于**共同背景**（common ground），即参与者都知道的共同点以及他们各自知道对方所知道的。在建立共同背景时，说话人（这里指成人和儿童）需要注意对方已经知道什么和不知道什么，然后随时了解在交际过程中不断添加到共同背景中的信息。

什么算是共同背景呢？共同背景包括说话人和听话人都知道的信息。这些信息可以是文化方面的：我们在同一个国家长大、我们说同一种语言、我们在同一个领域工作。它还可以包含更具体的信息：我们都喜欢观鸟、我们都知道如何打网球，或者我们都喜欢吃茄子。虽然建立这种文化方面的共同背景往往是与陌生人第一次交谈时的话题，但交际双方也在每次交谈中积累共同背景，因为他们都提供了新的信息。当这个新信息被另一个人接受和承认时，它就被置于当前的共同背景之中。

那么，交际双方是如何做到这一点的？特别是大人在与小孩交谈时是如何做到的呢？关于此，交际双方依赖共同关注（joint attention）、物理同现（physical co-presence）和会话共现（conversational co-presence）。对于大人来说，共同的注意力很容易获得。但是对于2岁或3岁以下的孩子来说,大人获得他们的注意力,通常是要么跟随孩子当时关注的东西,要么通过手势和词汇来吸引并抓住他们的注意力。这种共同关注的焦点通常是一个在场的物体或在那一刻正在发生的事件。成人说话者通常也依赖会话中的现场共现,他们既使用熟悉的词语,也使用孩子不熟悉的词语。

但是,12~18个月大的孩子的注意力会受到视野的限制。当一个18个月大的孩子用双手捧着一辆玩具卡车看时,这个孩子的视野里大部分都是那辆卡车,所以这个年龄的孩子所关注的往往是很有限的。这反过来使得大人在恰当时机提供的词汇标签更容易匹配到正确的所指对象上。也就是说,如果大人提供词汇标签的时间正好与孩子直接关注他们拿着和看着某东西的时间相吻合,那么孩子会发现此时将词语的形式和初步意义匹配起来要相对容易一些。

这种形式-意义的匹配是容易的,因为它所依赖的规约性、对比性和会话合作原则是以共同关注、物理同现和会话共现为基础的。通过共同关注,大人和孩子可以确定他们正在注意同一物体或同一事件。通过物理场景的同现,大人和孩子可以确定他们在当前环境中所关注的就是说话人当下所关心的。最后,会话共现使得孩子在使用熟词的同时也能使用新词,因为大人会谈论他们共同关注的地方,也即新词所指对象所在的地方。(我们将在第7

章进一步讨论"共同背景"。)

"搭脚手架"与合作

在与幼儿交谈时,大人通常会依赖他们与孩子已经建立的共同背景:比如双方都知道的事件,并且大人会进一步提供有关该事件的背景信息,或者该事件的一些显著细节会唤起孩子的关注。大人通常会帮孩子"搭脚手架(scaffolding)"或建立交谈框架,当大人在语调上升的过程中停顿时,孩子可以在此时(即停顿的时候)说出单个的词语。当孩子还不擅长话轮交替的会话时,这样的"脚手架"可以帮他们成为对话交流的参与伙伴。

共同背景在搭建这些"脚手架"中起着至关重要的作用,因为如果没有共同背景,大人就无法提供一个合适的语言框架,让孩子在恰当的时候说出相关的词语。我们来看看下面这两段对话。第一段对话中,和孩子说话的大人是陌生人,对孩子创可贴的背景一无所知;第二段对话中,母亲和孩子都知道创可贴的事情,所以母亲可以提供适当的"脚手架"帮助孩子参与会话。

Meredith(1;6),talking to an unfamiliar adult
Meredith:Band-Aid.
Adult:Where's your Band-Aid?
Meredith:Band-Aid.
Adult:Do you have a Band-Aid?
Meredith:Band-Aid.
Adult:Did you fall down and hurt yourself?

接着,几分钟后,当孩子妈妈走进房间,她们开始了如下对话:

> *Meredith* (1;6), talking to her mother about the same event
> *Meredith*: *Band-Aid.*
> *Mother*: Who gave you the Band-Aid?
> *Meredith*: *nurse.*
> *Mother*: Where did she put it?
> *Meredith*: *arm.*

从上面两例我们可以看到,都是 Meredith 开启的会话交际:她想谈论她的创可贴,但是如果没有大人帮她搭建"脚手架"的话,她就很难推进言谈,"脚手架"的搭建十分依赖妈妈对 Meredith "创可贴"事件的知晓。这些交流中话轮的构建体现的是大人和孩子之间的合作。大人在每句话中提供大致的框架和已知的信息,而孩子则在提示下提供关键的名词或动词,以突出一些新信息。

话轮和话轮内容

早期的互动模式主要涉及婴儿通过注视和发出声音给予大人广泛的关注。大人在跟孩子说话时,婴儿发出的声音经常与大人的话语发生重叠。儿童学会轮流接替话轮进行交际是需要一定时间的:他们大概在 9~10 个月大的时候才能熟练地轮流互动玩游戏和躲猫猫。然而,大人早在孩子 3 个月大的时候就开始提供轮流说话的框架。在这个阶段,大人会先说些话语,然后等婴儿发出一个回应动作,如微笑、打嗝或踢脚,这些可以理解为孩子的一个"话轮",之后大人会再说更多的话。大人通常会愿意花比平常交流更多的时间来等待孩子产出这些早期的回应话轮。的确,这里话轮转换的时间与大人之间谈话中的话轮转换时间相比,要延迟很多。这是由大人话语结束后婴儿实际做出回应行为所需的时间决定的。这个作为回应的、非言语的行为可以算作婴儿的一个话轮(可参看第 2 章的介绍)。

那么,婴儿和幼儿的话轮内容是什么呢?成人使用语言和手势,而婴儿则广泛地依赖手势,有时还依赖其他动作。然后,随着年龄的增长,他们越来越多地使用单个的词语,接着是词语组合,进而是越来越长的话语。成人之间的言语交际通常会把对方说话结束后 3 秒钟内发生的任何事情都当作下一个话轮。而说英语的成人在交际中回答是非问句时,可以在 300 毫秒内完成回答,中位数时间不到 100 毫秒。在研究儿童回答问题的速度时,研究者发现他们比大人要慢得多。一旦孩子对问题有了答案想表达出来,他们可能会用手势来回答 Where/Which"哪儿/哪个"这样的问题。对于儿童来说,这些手势在回答中产出的速度比语言更快。在他们的口头语言回答中,儿童能更快地重复大人问题中的词汇,而不是从记忆中提取"新词"。因此,计划一个答案显然取决于提取相关信息和相关单词的难度,以及表达这个答案的难度。

最后,一旦孩子意识到他们需要在对话中及时回答问题或回应评论,他们就会开始利用各种方法来保持话轮,即便实际上他们还没有准备好进入下一个话轮。像大人一样,孩子早期依赖 mm,well,uh 和 um 这些话语成分来表明他们愿意继续维系话轮,但此刻还没完全准备好要说的内容。他们也会使用其他的延迟标记来表明他们还未准备好开始自己的话轮。

(a) Hesitation marker"犹豫标记":*um*,*uh*
(b) Repetition"重复":*but but but but but we could sing some other songs*(3;1)
(c) Restart word"重启词语":*liz—lizards nurse*(1;10)
(d) Fronting of word"词语前置":*wool cut her wool*(1;11)
(e) Prolongation"语音延长":*uh—just brown*(3;1)

铺垫构建连续的话语

在言谈交际中，说话人会为每句话打基础、做铺垫。也就是说，一旦说话人开始交流，他们可以从任何已有的共同背景开始，或者首先建立一些初步的共同背景作为谈话的起点。在接下来的交际中，他们会将每个连续话语中的信息增加到之前的共同背景之中。理想的状态下，从一个话语到下一个话语的信息流会反映这一点，因为每个说话人都会用已知信息作为一个话语的开启，然后在此基础上再加上一些新的信息。下一说话人会认同接受来自上一个话轮的新信息，并把它当作已知的，然后添加更多的新信息。这样一来，每条信息都被添加到说话人当前交流所使用的共同背景之中。

新的信息可以通过多种方式得到确认：用 *uh-huh*，*yeah*，*yes* 等，或者是非常明确地重复前面话语中的全部或部分新信息。重复清楚地表明了说话人接受、理解了新信息，并通过重复这一新信息使之成为共同背景的一部分。和大人一样，孩子从小就会确认或重复获取的新信息，就像下面会话交际中 Abe 的后续话语一样：

> Abe(2;5.10)：*I want butter mine.*
> Father：*OK give it here and I'll put butter on it.*
> Abe：*I need butter **on it**.*

当儿童没有用 *uh-huh*，*yeah* 或重复作为对新信息的确认时，他们通常会继续谈论同一个话题，并进一步补充与前一位说话人话语相关的（新）信息。这样的继续也表明儿童理解了大人早先的话轮。

在早期，1 岁和 2 岁的孩子可能会确认从另一个说话人那里得到新信息，但是他们自己不会在此基础上添加任何新的东西。然而,在 2 岁到 2 岁半之间,儿童经常能够从另一个说话人那里获得新信息,从而为话语打基础,并在此基础上进一步添加新信息。当然,要做到这一点,还需要流利地选择相关的词语和语法结构。在将一些信息的状态从新转换为旧时,说话人可能只是简单地重复它,或者在一些情况下将名词指称表达(*the dog*"那条狗")转换为代词(*it*"它")。在谈论一个动作时,这个转换可能是从一个词汇动词(*open*"开"、*break*"打破"、*eat*"吃")变为一个通用动词(*do, make*"做"),或者换用一个表达体貌范畴意义的动词,如 *finish*"完成",聚焦于动作的终点。然而小孩子特别是 6 岁以下的孩子,倾向于对大多数可见的指称物使用代词(比如在一本图画书中),显然他们认为受话人(大人)有能力看到这些指称物。就像下面这个儿童讲故事的话语,讲的是一个小男孩得到了一个气球,然后给弄丢了:

> *He's* (=boy) *walking along ... and he* (=boy) *sees a balloon man ... and he* (=man) *gives him a green one* (=balloon) *... and he* (=boy) *walks off home ... and it* (=balloon) *flies away into the sky. so he* (=boy) *cries.*

孩子会花一定时间来掌握代词,这些代词所指的事物可能已经被一个词汇名词短语充分地识别出来了,就好比例子中的 *The little boy*"小男孩"... *he*"他"... *he*"他"... 在讲这个故事时,4 岁的孩子可以在提到主角时从使用名词短语变成使用代词,但他们通常一开始就用代词来指代主角,就像刚才上面的例子讲的那个故事一样。而其他角色通常只用名词来表示(如 *the balloon man*"卖气球的男人")。这可以在同一个故事的另一个版本中看到(根据同一套六幅连环图),这个故事是讲一个小男孩遇到了一个卖气球的人,然后他弄丢了气球。(例中有关主角的连续指称用下划线标出。)

> <u>a</u> <u>little</u> <u>boy</u> is walking along. <u>he</u> sees a balloon seller. <u>he</u> wants a green balloon. <u>he</u> gets one. <u>he</u> walks off in the sunshine. <u>he</u> lets go of the balloon and then <u>he</u> starts crying.

当然，孩子在说话的时候也经常用手指着相关的人物，所以这些代词的指称在语境中是很清楚的。

推断意欲表达之意

儿童不仅从说话人的话语环境中进行推断，而且还从所使用的词语中推断。说话人会根据当时言谈交际场景的需要，尽可能选择信息丰富的词语。说话人选择他们认为最能传达其意思的指称表达和其他词语。例如，一个说话人可能会说"*Some of the cherries are ripe*（有些樱桃熟了）"作为摘樱桃的邀请，可是得有选择性地采摘。但是过了一会儿，还是这个说话人，可能会说"*The cherries are ripe*（樱桃熟了）"或者"*All the cherries are ripe*（所有的樱桃都熟了）"作为采摘樱桃的一般邀请。因此，当要考虑说话人在每种情况下的言语意图时，儿童需要学会如何做出相应的推断。

显然，对比在话语意义的推断中扮演了重要角色。在某些情况下，儿童（和成人）的推断依赖于便于用到的特定的对比集合。也就是说，他们需要知道有哪些替代选项。比如，*some*"一些"和 *all*"所有"这两个词语使用的选择，如果说话人使用 *some*，如在"*Some of the cherries are ripe*"中，一般推论是"并不是所有的樱桃都熟了"。也就是说，这里与量化词 *some* 的选用构成对比集合的成员还有 *all*（或者是 *not all*"并非所有"）。此外，还可选用另一个量化词 none "全无"，这样就构成了一个有关量化词的量级 <none～some～all>。但 4 岁或 5 岁以下的儿童在处理这类量级时会有困难，可能会无法做出适当的推断。但是如果在交际时提供给儿童对比集合中相关成员的明确信息，他们通过对比做推断的效果就会更好，比如：当被问到 Does the boy have just some apples, or all the fruit—bananas too—in his box? "那个小男孩盒子里只有一些苹果，还是包括香蕉在内的所有水果？"（问一个手里拿着装有水果的盒子的小男孩）；再比如：问到 Are all the animals sleeping? "所有的动物都在睡觉吗？"（三个动物中只有两个在睡觉的时候）。当有明确的选择时，孩子就会像大人一样回答这些问题。这表明大人提出可供选择的相关对比成员在儿童做推断时发挥了重要作用。这还表明，对语言更进一步的使用经验使得儿童能够识别理解这些量级：<a few "一些"～more "更多"～all "所有"> 或者 <none～some～all>。

在语境中确定相关的替代选项可能会相当困难。比如当 the cat "那只猫"被用作指称表达形式时，它有哪些替代选项？它们包括附近场景中其他类型动物的指称形式吗？the red car "那辆红色汽车"指称的替代选项是什么？其中颜色词 red 只代表许多颜色中的一种。可能在处理如何匹配 some 和 all 这样的量化表达时，生成一组替代选项才是更关键的。

小结

儿童理解和使用语言的能力取决于一些基本的语用原则：合作原则、规约性和对比性。他们很早就开始遵守这些原则，但要花几年时间才能完全掌握如何在会话交际中最有效地使用这些原则。这些语用原则的有效使用取决于孩子对共同背景的掌握，即他们和对话者在互动的每个话轮中所知道的信息，因此需要建立在共同关注之上。孩子在会话中需要紧跟每一步以便构建自己的话轮来配合交际互动顺利进行。在这个过程中,大人通过搭建"脚手架"式的早期对话交流以及耐心等待孩子回应等方式来给予他们帮助。随着儿童掌握并且更流利地使用语言,他们要学会如何参与多方对话,就跟参与较简单的双方对话一样。只有通过追踪每个话轮所发生的事情、每个说话人所讲的内容,孩子才能在会话交际中做出自己的贡献。

第 5 章

早期语法结构

儿童一开始只会使用短小的语法结构。他们尽可能以最简单的方式使用语言，因为他们所知甚少。但随着所学的越来越多，他们的话语变得越来越复杂。为了传递想要表达的意思，儿童会使用这些更复杂的形式。当习得了更多的词汇，他们开始组合词语、添加屈折变化（inflections，例如-ing 和-ed）和使用功能词（例如 the, of, in），并且习得那些和认识的词语同现的语法结构。作为丰富其话语的第一步，儿童从一次说一个词语变成一次说出多个词语的组合，如下面英语中双词话语所示：

sit bed	（child wanting to sit on the bed）
fall book	（child reporting having dropped a book）
daddy sock	（child reporting that the father put on the child's sock）

但是，即便在特定的语境中，大人有时还是很难理解孩子的双词话语。比如，*daddy sock*"爸爸袜子"可能意思为"那是爸爸的袜子""爸爸正在穿袜子""那是一双很大的袜子"，或者是此情景中明显想要表达的意思："爸爸正在给我穿袜子"。通常来说，成人对言

谈场景以及儿童的意图和日常活动的了解，即成人与儿童在对话时的共同背景，决定了双/三词组合的解读。如果在缺乏语境的情况下听到这些话语，要想理解其中的意思就变得尤为困难。

习得不同语言的儿童在此阶段说出的词语组合种类极为相似。对于不同的语言，例如卢奥语（肯尼亚卢奥族的语言）、芬兰语、英语、希伯来语、波兰语、日语、萨摩亚语、德语和匈牙利语，幼儿都会说出极为类似的话语。我们可以通过词语在目标事件中承担的语义角色来描绘这些话语的特征。例如，在 *daddy sock* 中，*daddy* 用来指"施事"（agent，即正在穿袜子的人），或用来承担另一个语境中的"接受者"的角色（recipient，即袜子的所有者）。在 *sit bed* 中，*bed* 确定了相关的地点。在 *fall book* 中，*book* 确定了受动作影响的宾语。其他的语义角色包括"经事"（experiencer，*the man heard the bang* "那个人听到了巨响"）、"工具"（instrument，*they opened the door with a key* "他们用一把钥匙开了那扇门"）、"方位来源"（locative source，*the dog came out of the kennel* "狗从狗窝里出来了"）和"目标"（goal，*the cat stalked into the house* "猫溜进房子里了"）。对一个事件中语义角色的辨认能帮助我们将话语进行分类并建立跨语言的共性。一些词语组合是由一个成人形式的名词和动词组成，或者是两个名词；还有其他一些组合结构含有 *there* "那里"或 *that* "那"这样的指示语；或者将 *more* "更多"之类的量化词与名词或动词组合起来。以下是一些语言中典型的双词话语：

卢奥语（肯尼亚）①	芬兰语	英语
en saa "它 时钟"	*vettä siinä* "水 那里"	*that ball* "那个 球"
adway cham "我 一 要 食物"	*anna Rina* "给 Rina"	*more milk* "更多 牛奶"

---

① 这里卢奥语中"我一要"与"她一弄干"对应的是一个词语，即 adway, omoyo。——译者注

续表

卢奥语（肯尼亚）	芬兰语	英语
omoyo oduma"她一弄干玉米"	talli bm-bm"车库 车"	hit ball"打 球"
kom baba"椅子 爸爸"	täti auto"阿姨 车"	mama shoe"妈妈 鞋"
piypiy kech"辣椒 辣"	torni iso"塔 大"	big boat"大 船"
bede onge"刀 不在"	ei susi"不 狼"	no wash"不 洗"
	missä pallo?"哪里 球"	where ball?"哪里 球"

德语	俄语	萨摩亚语
buch da"书 那里"	Tosya tam"Tosya 那里"	Keith lea "Keith 那里"
bitte apfel"请 苹果"	day chasy "给 手表"	mai pepe"给 玩偶"
puppe kommt"玩偶 来"	mama prua"妈妈 走"	tapale 'oe"打 你"
mein ball "我的 球"	pup moya"肚脐 我的"	paluni mama "气球 妈妈"
milch heiss "牛奶 烫"	papa bol'shoy "爸爸 大"	fa'ali'i pepe"固执的 婴儿"
kaffee nein"咖啡 不"	vody net"水 不"	le 'ai "不 吃"
wo ball?"哪里 球"	gde papa?"哪里 爸爸"	fea Punafu"哪里 Punafu"

儿童利用这样的双词话语给事物命名或定位，例如 there book "那里书"；索要事物，如 more milk "更多牛奶"；描述事件，如 hit ball "打球"；指出领有关系，如 mama dress "妈妈（的）裙子"；修饰或限定，如 big boat "大船"；否定或提问，如 allgone cookie "没有饼干"和 where cup? "哪里杯子？"。在儿童的早期言语中，这些双词话语的功能具有显著的跨语言相似性。

公式化的话语

儿童会掌握一些在适当的语境下使用的日常固定表达（如：

/sæt/"(what)'s that? '那是什么？'"），并且在他们对公式化的短语进行成分分析之前，如这里的 *what*,*is*,*that*，儿童就已经能运用这些短语了。正如我们先前所看到的，父母会在儿童参与的日常活动中说一系列高频的、日常化或公式化的短语，无论是换尿布、穿衣服、坐进（或离开）桌边的高椅子、吃饭时间、午睡时间、洗澡时间以及见面或分别时的问候等。儿童选取并使用特定的高频短语，同时，他们要花很长时间才能分析出短语中每个语法位置的内容，例如 *cup of tea*"一杯茶"。随后他们才意识到，也可以在适当的场合说 *cup of milk*"一杯牛奶"或 *cup of soup*"一杯汤"。同样地，他们一开始倾向于把某一个限定词（determiner）和每个名词搭配起来，如 *the telephone*"那个电话"、*a biscuit*"一块饼干"、*that book*"那本书"。直到数周乃至数月以后，他们才会把这些名词即 *telephone*,*biscuit*,*book* 和其他的限定词替换着搭配，如 *that book*"那本书"、*my book*"我的书"和 *a book*"一本书"。

公式化的话语也是不规则词语形式的载体。这些不规则的词语形式有时出现在儿歌或习语中，如"*Three blind mice*（三只盲鼠）"。事实上，儿童会给 *mouse*"老鼠"、*sheep*"羊"或 *foot*"脚"这样的名词造出 *mouses*,*sheeps* 和 *foots* 这样规则的复数形式①。这是儿童将不规则名词的复数形式过度规则化，与此同时，他们其实也会在公式化短语中使用正确的不规则形式。例如，当想起一个类似 *Three blind*—的特定词组时，4 岁的孩子在 70% 的时候都会说出规约的复数形式 *mice*。而当展示给他们一张画有一些老鼠的图片，并问他们图上是什么时，只有在 30% 的时候儿童会说出正确的复数形式。这就是说，对高频组合框架的预测能力使得儿童能从记忆中搜索合适的词语形式。

以上说明，儿童可能利用这些高频词语搭配，帮助他们建立名

---

① *mouse*,*sheep* 和 *foot* 的复数形式应分别为 *mice*,*sheep* 和 *feet*。——译者注

词适当的复数形式，标记冠词和形容词上适当的性范畴（gender），指明所有与名词相关成分的格一致关系（case agreement），并掌握在某些固定框架表达中高频出现的各种不规则形式。

添加语法成分

一旦儿童一次能说出多个词语，他们就会让自己的词语形式变得更加丰富而逐渐复杂。他们给名词添加屈折变化来标记数（number，单数与复数对立）和格（case，例如为主语指派主格，为直接宾语指派宾格）。同时对于动词，他们尝试标记数（比较 *he*"他"和 *they*"他们"）、人称（person，如 *I*"我"、*you*"你"、*she*"她"）、式（mood，如 *can*"可以"、*may*"可能"、*will*"会"）、体（aspect，如完结体、持续体）和时（tense，现在时或非现在时）。儿童会按照一定的顺序习得这些语法范畴的屈折变化，但是和成人一样掌握某个名词或动词的所有词形变化要花上数年时间。儿童花费数年才能习得所有的形态成分，其中多数形态成分以后缀（suffixes）的形式出现在词尾，例如数（单数与复数的对立）或者格（话语中每个名词不同的角色决定了不同的后缀），而用前缀（prefixes）标记的屈折变化极为罕见。

通过添加对立的屈折变化和独立出现的语法成分（称为语素morphemes），如冠词（*the*,*a*）和介词（*in*,*of*,*from*），儿童逐渐建立名词和动词形式的集合（paradigms"词形变化表"）。一开始，他们在所有的语境中都使用动词的同一个形式。这可能是一个屈折形式，例如英语（过去时）形式 *fell*"掉落"，但是他们一开始会在任何关于"掉落"的事件中都使用这个形式。随后他们给同一个动词添加第二种形式，比如是 *fall*。总的来说，这使得他们可以用一个现在时动词表达正在进行的动作（如 *break* 或 *breaking*），并用一个过去分词表达完结的动作（如 *broken*）。他们也学会了现成的冠词和名词的固定序列，如 *the book* "那本书"、*a cup* "一个杯子"、*my ball* "我的球"，并且在一开始，他们只会使用那个固定的限定词。儿童学习 *the* 或 *of* 这样的语法语素（也叫作功能词）和他们学习第一个屈折变化一样，最开始只在含有特定名词和动词的固定组合中出现。随后儿童才开始分析这些序列并把名词和不同的限定词组合起来（*the book* "那本书"、*my book* "我的书"、*a book* "一本书"），把动词和不同的情态动词组合起来（*can jump* "能够跳"、*will go* "将会走"）或者使用不同的主语代词（*you're going* "你正走着"、*he's going* "他正走着"）。

对于名词来说，无论语境如何或者所指事物的个数多少，儿童通常一开始都只用单个形式——要么只用单数形式（*door* "门"、*ball* "球"、*spoon* "勺子"），要么只用复数形式（*cups* "杯子"、*blocks* "积木"）。随后在谈论多于一个实体的时候，他们开始在名词上标记复数。但是他们一开始不会以常规的方式表达复数，而是把一个数词如 *two* "二"和一个（单数）名词组合起来，例如用 *two frog* 表示多只青蛙。或者，他们用一个表示量范畴的词语表达复数，如用 *more* 在 *more cup* 中表示桌子上的多个杯子。另外，他们也会通过重叠的方式用 *ball ball* 表示多个球。在一些有格标记的语言中，如波兰语、德语或芬兰语，儿童也需要时间学习如何适当地指派格词尾。格通过给每个名词添加不同词尾的方式标记每个事件中的语义角色。例如，动作的施事通常得到主格词尾，动作的接受者通常得到与格词尾，受动作影响的宾语通常得到宾格词尾。

双词组合和早期使用一些语法语素仅仅是习得语法结构的第一步。儿童很快开始构建更长的话语。例如，一个双词组合 *Mummy read* "妈妈读"可能被扩充为 *I want Mummy (to) read* "我想让妈妈读"，然后进一步丰富变为 *Mummy, will you read that book?* "妈妈，你要读那本书吗？"。任何一个含有名词的短语都可能添加一个指示词（*that book* "那本书"）或者一个数词加复数屈折变化（*two books*"两本书"），随后进一步用形容词和量化词修饰，如指称形式 *the small dog*"那条小狗"、*two brown dogs*"两条棕狗"或 *some of those dogs*"那其中的一些狗"。儿童扩展他们话语的目的是让自己的表达更清晰。

这个阶段的儿童也设法扩展动词结构。他们逐渐学会添加情态动词和助动词，如 *Molly will go*"Molly 会去"、*Tom has jumped the ditch*"Tom 跳过了沟渠"或 *Theo is watching the mouse*"Theo 正在看那只老鼠"。这使得他们可以更具体地表达事件的时间性——预期的、正在进行的或已经完成的事件。他们习得了更复杂的不及物动词结构，如 *Ian ran outside*"Ian 跑到外面了"（不及物动词与一个方位副词）、*Lila is jumping in the puddle*"Lila 正在往水坑里跳"（不及物动词与一个介词短语）。同样还有更复杂的及物动词结构，如 *Sophie will catch the ball*"Sophie 会抓住那个球"（直接宾语）和 *Emi wants to stroke the cat*"Emi 想打那只猫"（补足语结构）。随后，为了能辨认他们所指的对象，他们会用关系小句修饰名词短语，如 *Duncan saw the cat that was on the windowsill*"Duncan 看到了那只在窗台上的猫"。他们还会用状语小句修饰动词短语，如 *Mimi climbed up the tree where the bird's nest was*"Mimi 爬上了鸟窝所在的那棵树上"。另外，他们会按照事件的先后顺序谈论一个系列事件，如 *They came in when they heard the bell ring*"他们一听到钟响就进来了"。

当然，对于不同的语言，儿童需要习得的语言性质是不一样的。在英语、德语和汉语普通话中，儿童必须关注语序（word order）。英语的语序会让句子表达完全不一样的意义：比较 *The dog chased the cat*"狗追猫"和 *The cat chased the dog*"猫追狗"。每句话中，第一个名词短语表示动作的施事（追逐动作的发起者），而第二个名词短语表示受影响的实体（被追的对象）。在用语序标记语法关系的语言中，施事一般放在受影响的宾语之前，同时有生的实体一般放在无生的之前。

然而,特定的句法结构可能需要特殊的语序,例如英语的结果结构(resultative construction)。这个句法结构表达动词所指活动的结果,并且动词致使的结果状态通常作为句子的结尾成分,如 *Landon wiped the table clean*"Landon 把桌子擦干净了"(形容词 *clean* 表示最终状态)或 *Chloë built her blocks into a tower*"Chloë 把积木搭成了一座塔"(介词短语 *into a tower* 表示 Chloë 动作的结果)。该结构中的语序标记了主语、动词、宾语以及最终状态的语法关系。在格标记语言中,说话人不需要依靠语序标记语法关系,因为名词的格标记说明了这个名词是主语(通常是施事)还是动作的直接宾语。

不同的语言通常有优选的语序为名词短语或动词短语添加修饰成分。以英语为例,形容词出现在名词之前,如 *the old castle*"那座旧城堡"或 *the shiny beads*"那些闪亮的珠子"。但法语和西班牙语将多数形容词放在名词之后,如 *le papier jaune*"the paper yellow'那张黄色的纸'"或 *la casa roja*"the house red'那个红房子'"。当然,修饰语出现在一致的句法位置可以帮助说话人更容易地处理相关信息。这也同样适用于其他种类的修饰语,如附加的介词短语,如 *l'homme au chapeau*"the man with the hat'戴帽子的人'",或者附加的关系小句,如 *l'homme qui porte le chapeau* "the man who's wearing the hat'戴着帽子的人'"。学习可用的句法结构不仅让儿童理解他人的意图变得更加容易,也让他们能够更加清楚地表达自己的意图。

了解所学语言的语序对添加名词和动词的屈折变化很重要,因为屈折变化一般放在这些词的末尾;同时语序在添加与名词和动词相关的其他语法成分中也扮演了重要的角色,如与名词相关的限定词(*the*,*a*,*that*)和量化词(*two*,*some*)以及与动词相关的情态动词(*can*,*will*,*may*)和助动词(*be*,*have*)。事实上,当儿童添加与名词或动词形式相关的屈折形式或功能成分时,他们很少或从不犯错。这表明他们在细致地关注着周围语言中的事物是如何排序的。

在广泛使用格标记的语言中,语序的语法作用相对较小。说话人灵活地运用语序表达信息流,在话语中将旧信息置于新信息之前。说话人选择的语序标记了当前话语中的旧信息和新信息,前者即说话人和受话人已知的信息(也在共同背景之中),后者通常处在话语的末尾。在对话交流中,一贯地使用"旧信息先于新信息"的语序让话语处理过程变得更加容易。正如人们所预期的,习得格标记语言的儿童会使用更加多变的语序。他们当然是从身边的成人那里听到这些多样的语序的。

动词和动词形式

最初,在所有语境中,儿童对所有人都使用同一种形式的动词,随后才添加相关的屈折变化和其他语法成分,用以标记人称(第一、第二、第三人称)、数(单数与复数的对立)和时(现在和非现在的对立)。他们也习惯优先用动词谈论自己的动作,并且不使用显性形式的主语,然后才扩展动词的使用范围,用来谈论他人完成的某个动作。同时他们会添加主语表明施事的身份。

当儿童根据事件类型中的大体意义对动词进行归类时,他们积累词形变化形式的过程帮助他们关注动词的分类维度。他们区分了四类动词。第一类动词表示活动(activities),如英语中 *run* "跑"、*walk* "走"和 *eat* "吃",这类动词通常以 *-ing* 结尾,表示可以随时间延长的动作。第二类动词包括完成类动词,如 *open* "打开"、*break* "打破"和 *give* "给"等,该类动词表示施事的行为动作导致了状态的改变,同时一开始以过去时的形式出现,且过去时形式出现的时间通常稍早于其他三组词。第三类是起始或完结类动词,如

begin"开始"、*finish*"结束"。这类动词描述的动作被视为刚刚开始或刚刚结束。最后一组动词表示状态(states),英语中,如 *want*"想要"、*hear*"听到"和 *feel*"感觉"等表状态的动词通常以一般现在时出现(*he wants*"他想要",而不是 *he is wanting*"他正在想要")。

为什么儿童很早就注意这些区别?因为他们关注成人言语中的使用模式。首先,成人对特定的动词类型有特定偏爱的屈折形式,并且在和儿童说话时频繁地这样使用。他们高频地用-*ing* 形式的活动类动词,无论是表示现在时的事件(*he is running*"他在跑着")还是非现在时的事件(*he was running*"他刚才在跑着")。同时他们常常使用一般过去时形式的完成类动词(*he opened the box*"他打开了那个箱子",*she broke the window*"她打破了窗户")。这些成人言语使用模式可以解释英语儿童早期对-*ing* 形式的活动类动词和-*ed* 形式的完成类动词的习得现象。值得注意的是,习得意大利语的儿童也是最先说出过去时形式的完成类动词。总之,成人言语中具体动词种类与特定动词形式的优先匹配影响了儿童对这些形式的早期习得。

当儿童在独词句中说出光杆(无屈折变化的)动词形式时,大人经常难以理解他们想要表达的意思。通过考量语境中正在发生的事情,成人通常会提供重述形式,用以解读并扩展这些光杆动词形式。例如,成人会注意这是一个预期中的动作(未来)还是一个已经发生的动作(过去)。对于习得法语的孩子来说,这种反馈可能是非常关键的,因为法语很多动词的不定式(infinitive)和过去分词(past participle)发音是相同的,比如 *sauter*"to jump'跳'"和 *sauté*"jumped"的发音形式都是/sote/。但是当一个孩子拿着一个玩偶放在桌子边缘并说/sote/,父母会认为这个话语是在表达对跳跃动作的预期,他们就会使用类似 *il va sauter* "he's going to jump'他马上就跳下去了'"或者 *il veut sauter* "he wants to jump'他想要跳下去'"的句法结构,以此清楚地表明此语境中的动词是不定式而不是过去分词。但是，当此动作已经发生了（玩偶已经掉在了地板上），父母会说 *il a sauté* "he jumped'他跳下去了'"，用助动词加过去分词的句法结构说明动作已经完成。这就是说，在核实儿童意图的过程中，成人的重述形式为这些早期词语形式提供了补充说明。这种通过重述形式的核实为儿童提供了宝贵的反馈，从而指导他们分析并理解同音异义的动词形式。

名词的类别

很多语言中，每个名词都有性范畴（gender）：法语分阳性（masculine）和阴性（feminine）；德语分阳性、阴性和中性（neuter）；荷兰语分通性（common）和中性。名词的性范畴影响了限定词的有定或无定的选择：*un livre* "一本书"（a-阳性 book-阳性）、*la porte* "那扇门"（the-阴性 door-阴性）。这也会影响形容词形式的选择：*un livre vert* "一本绿色的书"（a-阳性 book-阳性 green-阳性）、*la porte verte* "那扇绿色的门"（the-阴性 door-阴性 green-阴性）。这种性范畴的一致模式说明了哪些词语和语法成分应该被当作一个整体，例如，这里的指称表达 *la porte verte* 应该被视为一个句法单位，因为它们的性范畴一致。

儿童如何学会在某个语言中指派性范畴？在很多语言中，少数名词指称对象的生理性别与性范畴相匹配，即多数表示男性（或雄性）相关的词语是阳性，而多数表示女性（或雌性）相关的词语是阴性。但是总有例外。在一些语言中，每个词语的形式表明了其为阳性还是阴性：西班牙语中以-o 结尾的名词是阳性而以-a 结尾的是阴性。（同样，西班牙语中也有例外，还有一些名词以辅音结尾。）法语中，区分阴性和阳性的名词词尾在语音模式上呈系统的对立。习得法语的儿童在 4～5 岁时会利用这种对立的语音模式。那更早的时候他们是如何区分阴性和阳性呢？幼儿会误用词语的性范畴,比如用 *la* 表示 *le* 等限定词的误用,用 *vert* 表示 *verte* 等形容词形式的误用,或者完全省略一个限定词。当幼儿出现这种误用时,他们通常会从成人那里获得反馈,这种反馈来自成人核实儿童表达的意思时所补充的正确形式。无论是高频还是低频使用的名词,儿童都会持续地接触成人的相关用法。成人言语中频繁使用的词语搭配(也即含有特定名词的短语)再一次发挥了作用:儿童一开始学会整个短语,然后再把短语分析为限定词加名词。这样,共现的限定词和专用于阳性或阴性的词尾共同标记了每个名词的性。在一些含有小称(diminutive)名词的语言中,性范畴的指派对于儿童来说是一个更简单的任务,这可能是因为诸如俄语和捷克语等语言的小称名词都用同样的方式标记性范畴。

儿童在辨认格词尾时也会遇到类似的问题。标记主语的名词屈折形式一般对应着施事,其他类似的角色还有受动作影响的直接宾语(即受事或主题)、工具、接受者、领有者(possessors)和方位(locations)。有格标记的语言中的格屈折形式一般体现在限定词和修饰名词的形容词上。俄语和波兰语等语言中,格的屈折形式会更加复杂。这些语言会随着名词的性和数范畴的不同而使用不同的屈折形式,所以同一个角色的单/复数格词尾通常不一样。学习这类语言系统中全部的格形态变化需要很长时间。儿童通常选择在学习过程中进行局部类推归纳,这导致他们说的语言比实际上更加规则。然而,随着在交际中持续地接触语言并接受语言反馈,他们通常在 6～8 岁时就已经可以掌握规约的格标记系统。

语言内部的规律性决定了儿童习得屈折变化的时间长短。例如,在一个匈牙利语和塞尔维亚-克罗地亚语的比较研究中,相比塞尔维亚-克罗地亚语的屈折变化形式,儿童更早掌握匈牙利语的屈折变化形式。(此研究的对象是双语儿童。)匈牙利语与土耳其语类似,有一个高度规则的系统,每一个屈折形式含有一个具体的意义并且在所有名词上基本使用相同的形式。而塞尔维亚-克罗地亚语与俄语和波兰语类似,表示相同意义的格词尾会根据名词的性和数而有所不同,并且会与介词同时出现。这些介词可以有两种不同的格位形式,每种格位对应不同的意义,例如"at(在)"与"towards(朝向)"。这种复杂性导致儿童要花费更长的时间掌握格的屈折变化。

不同的语言采用不同的方式标记语法关系——如标记动词的主语和直接宾语。有些语言仅依靠格标记,有些语言仅依靠词序,还有一些语言使用一个复合系统——格标记与前置词(preposition)或后置词(postposition)相结合,再加上特定的词序偏好。儿童在不同语言的不同范畴中会遇到不同的复杂性与简单性(即规律性),这通常解释了儿童在每种语言习得中所要遵循的路径规律。

小结

儿童最开始学习的语法结构与他们已经能够说出的名词和动词息息相关。他们通常从公式化语块开始产出。儿童从成人言语中学到这些语块序列,但并不会将它们分析为名词、动词和更小的成分,如词尾和冠词(*a*,*the*)。他们会用一些相对固定的形式与某些名词和动词进行组合,比如总是固定地给一些名词加上 *the* 而给另外一些名词加上 *a*,或者总是用祈使句说出一些动词(*give me*…"给我……"),也会将一些动词固定地和第一人称主语搭配起来(*me do it*"我做这个")。并且,他们早期会说出很多由一个"固定"词语和一个可替换成分组成的结构,如 *more book*"很多书"、*more juice*"很多果汁"和 *more run*"跑了很久"等①。这些早期的语法结构让他们有机会扩充语言的形式。

---

① 如前文所述,儿童早期的词组在不同语境下有多种潜在理解。此翻译仅代表一种可能的理解,并不意味着此处的词组与译文有固定的对应关系。——译者注

儿童开始使用"限定词+名词"这样的固定名词短语结构；在使用格标记的语言中添加对立的格词尾；随后，给名词短语加上形容词和其他种类的修饰成分（另见第6章）。他们早期说出的相对"光杆"的动词形式也类似：添加屈折变化来标记人称、数、体和时；加上情态动词和助动词；对于有些语言，他们还会添加附着主语（clitic subject，表现得像是动词的附加前缀的人称代词）。

上述所有这些让儿童的话语更容易被理解，因为他们话语中名词和动词之间的多数关系变得更加明晰。但是，在掌握语言中更复杂的语法结构之前，儿童还有很长的路要走。现在我们将要把议题转向那些更为复杂的语法结构，并讨论为什么孩子需要学习这些复杂语法结构。

第 6 章

更复杂的语法结构

儿童最早期的语法结构随着他们将双词或多词组合在一起使用而出现。随后他们给名词和动词添加屈折变化形式,例如复数后缀-s 或者表示持续活动的后缀-ing,并且也会使用一些语法语素,例如 *the*, *it* 和 *in*。他们逐渐开始使用及物结构。在该结构中,施事名词以主语形式(S)出现,并在主语后面跟着一个动词(V)和一个直接宾语(O),如 *Alistair threw the ball* "Alistair 扔了那个球"。对于不及物动词来说,他们把主语和动词组合在一起构成 SV 结构,同时可能加上一个介词短语做状语,如 *Kate ran into the garden* "Kate 跑进了花园"。一旦开始组合词语,儿童就会习得那些有助于详细表达语法结构意义的屈折形式和功能词。在习得语法结构的过程中,儿童同时也会习得:(a)用于语法结构(这里指 SVO 和 SV)中特定句法位置的名词和动词;(b)每种情形下表达名词与动词关系的语法成分。例如,当 2 岁的孩子在"*Mommy feeds the ferret* '妈妈喂养那只雪貂'"这句话中听到一个熟悉的动词(*feed* "喂养")和一个陌生的名词(*ferret* "雪貂")时,他们可以轻易地从展示的四张图片中选出画有动物(一只雪貂)的图片。这就是说,他们利用熟词 *feed* 意义的知识来推断四张图片中哪一个

事物可能是 *the ferret* 合适的指称对象，即某种动物。每当这些 2 岁的孩子遇到一个熟悉的动词和一个陌生的名词组合时，他们基本上总能为陌生的名词选择合适的指称对象。一天以后，他们也表现出对新名词良好的记忆力。总的来说，儿童利用他们已知词语的意义来推断陌生词语的意义。

儿童习得第一语言中更加复杂的表达和语法结构的动机是什么？幼儿需要哪些其他的语法结构？双词组合目前只能够帮助他们清楚地表达自己的意图。为了用语言实现更多的目的，他们需要学习更多的词汇和语法结构。他们要能够理解并提出问题，也要能陈述并否定关于特定事件状态的描述。但是问句和陈述句可能都很复杂，因此儿童必须能够领会并回应更加复杂的语言。我们首先讨论疑问和否定。在英语中，这两个语法结构具有结构相关性：正如我们即将看到的，问句和否定句都通过一个助动词或情态动词表示时态意义。

疑问

儿童相当早就习得了疑问结构。他们很早就说出一些是非疑问句，有时甚至早于说出任何词语组合的时间。这些问句最开始只用上升语调标记，如 *Going*？"去吗？"或 *Put*？"放着？"。典型的是非疑问句一般会将助动词与主语倒置，如 *Are you going*？"你去吗？"，而早期的是非疑问句很少采用这样的典型形式。1~2 岁的孩子反而习惯只用一个动词加上上升语调的形式表达是非疑问句，如 *Coming*？（＝Are you coming？"你来吗？"），或者只用一个名词加上上升语调，如 *Blanket*？（＝Where's my blanket？"我的毯子在哪里？"），或是一个带有上升语调的名词和动词的组合，如 *Ride train*？（＝Can I ride on the train？"我能坐火车吗？"）。之后他们才在此基础上添加主语和助动词。还需要一段时间，他们才能掌握主语和助动词倒置的典型模式,并通过助动词来表达时态,如 *Did he jump*? "他跳了吗?" 或 *Are you eating*? "你正在吃饭吗?"。

> D(1;3.19, about to throw a ball down the stairs): *put ball*?
> D(1;4.12, wanting his pyjamas removed): *get that off*?
> D(3;8.1, of pyjama jacket): *can you untake this off*?

在此之后,一些是非疑问句开始以典型但并不完全常规的形式出现,如 *Did I saw that in my book*? "我在我的书里看到那个了吗?"①。需要注意的是,一共有三种可能的是非疑问句结构:*Are you coming*? "你来吗?",*You coming*? 或者简单的 *Coming*?。这三种问句结构在成人言语中都很常见。成人会在是非疑问句中频繁地省略助动词和主语,或者只省略助动词。这些非典型的问句形式有时是儿童最常听到的是非疑问句。

特殊疑问句也逐渐出现在儿童的言语中。儿童在 1 岁半至 2 岁之间表现出对 *Where* "哪里" 和 *What* "什么" 问句的理解,并随后对 *Who* "谁" 问句做出恰当的回答,之后掌握如何回答 *Why* "为什么" 和 *Which* "哪一个" 问句,最后学会回答 *When* "什么时候" 问句。对问句的理解远远先于问句的产出,但是儿童可能主要依靠每个问句中的实词来理解问句。在问句的产出中,1~2 岁的儿童会把早期的特殊疑问句看作未分析的公式化形式,如:

> /sæt/?　　　——理解为"[what]'s that? '那是什么?'"
> /sæt/ called?　——理解为"[what]'s that called? '那个叫什么?'"

---

① 此例句常规的形式为 *Did I see that in my book*?,在此例句中,"典型但并不完全常规的形式"意为儿童表现出对主语与助动词倒置规则的习得,但是还未掌握问句中时态的表达规则。——译者注

> /sæt/ go?　——理解为"[where]'s that go? '那个去哪里?'"

但是辨认任何实际听到的特殊疑问词很大程度上由观察者（大人或照看者）的耳朵所决定：儿童通常无法清晰地说出疑问词。事实上，成人对是非疑问句和特殊疑问句的区分，一开始并不会在儿童产出的问句中表现出来。例如，当要求 1 岁的儿童重复成人的问句形式时，他们只能说出原本形式中的动词或者名词，如：

> Louise (1;3): *bow-wow go?* (where did the bow-wow go?)
> Daniel (1;9): *mummy doing?* (what is mummy doing?)
> Jem (1;9): *car going?* (where is the car going?)
> John (1;10): *doing there?* (what is he doing there?)
> Paula (1;11): *mouse doing?* (what is the mouse doing?)

即使 2 岁的孩子可以在他们的问句开头说出/w-/；具体的疑问词是哪一个也依然难以辨认。1 岁和 2 岁的孩子需要花费一些时间才能把公式化序列分析为不同的成分，如把/sæt/分析为 *what*，*is* 和 *that*，或者把/wʌsɪsgɔ/分析为 *where's*，*this* 和 *go*。一旦他们能分析问句的成分，他们就会问越来越多的 *What* "什么"疑问句（通常说 *What that?* "那是什么？"并加上指向手势），以此从成人那里引出事物和动作的词汇标签。他们也会说出如下这样的 *Where* "哪里"问句：

> *Where kitty?*　　*Where Mama boot?*　　*Where me sleep?*
> *Where horse go?*　*Where my mitten?*　*Where my spoon goed?*

正如是非疑问句一样，英语的特殊疑问句也需要主语和助动词的倒置(*Where is he going?* "他去哪里？")。儿童通常先在典型的是非疑问句中掌握这个规则，然后才是特殊疑问句。虽然儿童从 1 岁半开始说出他们最早一批特殊疑问句,但他们需要 2—3 年才能掌握更多类型的特殊疑问句。When"什么时候"问句出现得最晚,儿童要在 4 至 5 岁的时候才能说出此类问句。

否定

英语中表否定的语法结构与疑问结构紧密关联。两种语法结构都要求掌握有关助动词如何表达时态的知识,如 *She didn't answer*"她没有回答"(试比较,*She answered*"她回答了")。儿童最开始靠 *no*"不"来表达否定。他们重复成人先前的话语,然后在话语开头或末尾添加 *no* 来表达拒绝或反对,例如 *No mittens*(意为"No, I don't want mittens on'不,我不想戴上连指手套'")或 *No I see truck*(回答"Did you see the truck?'你看到卡车了吗?'")。儿童有时也会用 *not* 来表示同样的功能,如:

> *Colin Fraser*(adult):Will I read it or will you read it?
> *Eve*(1;9):*Eve read it.*
> *Colin*:Oh, Eve's going to read it.
> *Eve*:*not Fraser read it.*
> *Colin*:Fraser's not going to read it?
> *Eve*:*Eve read it.*

除了拒绝他人的提议,儿童随后很快开始学会使用句中否定。最初,这些句中否定是由一个助动词或情态动词和缩略的 *not* 形式结合在一起构成,例如 *don't* 或者 *can't*。在儿童能够产出肯定形式的助动词(*do*, *be*)或情态动词(*can*, *will*, *may*)之前,这些否定形式(*don't* 或 *can't*)就已经出现了。此后,他们才学会英语的句中否定词 not，将其作为一种否定形式。

> (a) D (2;0.15, sliding down in his seat at table): *bye bye*.
> *Mother*: Bye bye D.
> D (as he pulled himself up again): *I don't gone under the table*.
> (b) *Father* (having just whistled): Can YOU whistle?
> D (2;1.26): *no I can't. I a boy*.
> (a few moments later): *I a boy, can't whistle*.
> (c) *Mother*: Are you tired, Adam?
> Adam (2;6): *no, I don't want to sit*.

对于 *Nobody has been in there*"没人去过那里"、*Neither of us saw that*"我们都没看到那个"、*Don't give him any more*"别再给他了"或者 *They never liked that*"他们从不喜欢那个"这样的否定形式来说，儿童要花更长的时间去掌握。在习得这些否定形式的过程中，他们不仅要学习 *never*, *no-one*, *nobody*, *nowhere* 等词语的意义，还要学习肯定句和否定句中 *some* 和 *any* 之间的关系。

名词短语的修饰语

儿童通过添加词语开始扩充他们使用的语法结构，例如添加形容词、介词短语和关系小句。比如，假设面前有一个戴着眼罩的大人，儿童需要给这个看不见的大人介绍不同的熊和女孩，他们就会使用这些修饰语来区分，例如系着黄丝带的熊和没有丝带的熊，或者一个提着桶、牵着狗的女孩和一个独自一人的女孩。3 岁、4 岁和 5 岁的孩子几乎不说形容词（他们不会用 *the yellow bear*"那只黄色的熊"描述一只系着黄丝带的熊），但到了 3 岁，他们就会用介词短语了（比如 *the boy on the cow*"牛背上的男孩"、*the girl* with the dog "和狗在一起的女孩")。5 岁的时候,他们会使用一些由 that 引导的关系小句,然后开始使用由 who 引导的关系小句。

早期的关系小句一般缺失关系代词,儿童只会简单地把两个小句并置在一起,如下所示:

> (a) D (1;11.22, showing off a cookie he'd been given): *look I got*! [look what...]
> (b) D (2;0): *I see /ə/ building Eve go*. [... building where...]
> (c) D (2;0.1, picking up his doll): *here /ə/ doll Shelli give D*. [... doll that...]
> (d) D (2;0.9): *Herb work ə big building have /ə/ elevator 'n it*. [... building that has ...]
> (e) D (2;2.5, after deciding he'd heard a truck, not a car, outside): *I go outside see /ə/ truck may have dirt in it*. [... truck that...]

然后,儿童逐渐地添加关系代词,例如 that, who 和 where(但并不总能正确地使用):

> (a) D (2;4.19, of a toy): *I'm going to show you where Mr. Lion is*.
> (b) D (2;5.16, touching a wet spot on the front of the newspaper): *that paper what Eve got fell into a tiny puddle*.

需要注意的是,儿童把关系小句添加在主句之后,以此避免打断主句。当要求他们重复关系小句的时候,他们习惯把主句和关系小句分成两个独立的小句然后用 and 并列起来表达:

	成人模板	儿童重复的版本(2;2)
(a)	Mozart [toy bear] <u>who cried</u> came to my party.	→ Mozart came to my party. → *Mozart cried* and he came to my party.
(b)	The owl <u>who eats candy</u> runs fast.	→ *Owl eat a candy* and he run fast.
(c)	The boy <u>the book hit</u> was crying.	→ Boy the crying.

这表明，儿童更容易理解那些用显性关系标记词引导的关系小句，如 *that*, *who*, *where* 或者 *which*。如果一个英语的句子中没有关系标记词（例如 *The boy the book hit left* "被书砸中的男孩离开了"），2 岁的孩子很难分辨出关系小句的边界，也无法完整地理解这句话。

数词和量化表达

儿童早在掌握他们习得语言中规约的复数标记系统以前，就已经能分辨"一"和"多于一"的概念。我们是如何知道的呢？从小开始，幼儿通常会利用其他的形式来标记"多于一"的意义。在英语中，一个办法是用类似 *more* 的词语，例如用 *more book* 表示很多本书。但是用 *more* 标记容易造成歧义，让人无法分辨表达的意思是"另一个"还是"数量多"。另一个方法是词语的重复，例如用 *book book* 表示两本以上的书。还有一个方法就是使用数词。在掌握规约的复数词尾以前，很多孩子都是选择用数词表示"多于一"的概念。

(a) D (1;8.16, at the table, with a toy truck): *wheel*. (then pointing at a second wheel) *wheel two*. (then pointing at a picture on the milk carton) *cow milk*. (then back to the wheels on the truck again) *wheel two*.

(b) D (1;9.14, playing with two doll-blankets he'd stashed in his chair): *one, one blanket*. (he then dropped one on the floor) *other blanket floor*. (then pulled the second blanket off the table and dropped it too; and, looking first to one side, then to the other, at the two blankets now on the floor) *two blanket*.

(c) *Mother* (counting four frogs in picture): Look at these: one, two, three, four!

D (1;10.9): *frog, two frog*.

(d) D (2;0.15, playing with his magnets, holding three or four in his hand)

Father: How many magnets have you got?

D: *two*!

上例中这个孩子从 1 岁 8 个月开始把 two 当作他的复数标记,用来修饰光杆名词,然后他慢慢地给每个名词逐一加上复数屈折形式,有时还会同时使用 two 和 -s 词尾来标记同一个光杆名词。到 2 岁 4 个月时,他不再用 two 表示复数,而是依靠复数后缀,例如 books、frogs、cups 和 bibs。

关于复数标记的知识区别于关于计数和数列的知识。听到 What do you see "你看到了什么"这样的问句时,2 岁的孩子可以用常规或非常规的复数名词表达不多于 9 个物体的数量,并以此复数名词作为回答。但是听到 How many do you see "你看到了多少"这样的问句时,他们只能回答 2 个或 3 个物体(他们计数的能力有限)。他们回答 4 个或 5 个物体就会很吃力了,遇到有 6 个及以上的物体时他们通常就不会回答相应的问句了。

量化词给儿童造成了更多的困难:这些量化词通常是一个量化等级(scale)的一部分,例如<some ~ all>、<a few ~ more ~ most>。(其他语义域也可以视为一个语义等级,例如表达温度的词语:<cold "冷" ~ warm "温暖" ~ hot "热">。)儿童不仅要学习一个量化等级中涉及怎样的成员关系,还要知道当他们使用量化等级中的一个词语之后,同等级中的其他成员就不再适用[①]。但是,他们首先需要学习诸如量化词意义之类的知识。并且,虽然他们很早就开始使用 more 这样的词语(最初通常理解为"some amount '一些'"),但他们也会自发地给不用作量化词的词语指派一个量化的意义[②]:

> (a) D (2;0.13, carrying a lot of blocks): D — have /ə/ spoonful block.
> Mother: that's an armful, not a spoonful.
> (b) D (2;0.14, displaying a handful of magnets): D — have /ə/ spoonful magnets.
> (c) D (2;1.15, carrying an armful of sticks): I got /ə/ spoonful, I got /ə/ spoonful /ə/ sticks.

---

① 通常来说,一个量化等级是一个由量化词按一定顺序组成的序列。以<a few ~ more ~ most>为例,该等级中从左往右量化词表示的数量逐渐增加。在此基础上,量化词的关系可以通过蕴含关系(entailment)表示。假设我们选取了量化等级中的 most,那么"most students came"会蕴含"a few students came";而如果我们选择了 a few,"a few students came"却不能蕴含"most students came",即原文所表达的"其他成员就不再适用"的情况。——译者注

② 方框中 spoonful 的例子,说的是把 spoonful 用作量化词了。首先,这个例子里所有的名词其实和 spoonful 在意思上都不搭配。spoonful 应该是指量化词,意思为"一些"或者"很多"。同时,在(a)例中,妈妈也没有反应过来儿童把 spoonful 当作量化词了,还在纠正他用意思上更为恰当的 armful。——译者注

(d) D (2;1.26, planning to carry all his toys): *I reach it 'n get /ə/ spoonful my arm.* (with a gesture towards under his arm): *and then carry it upstairs.*

理解量化词的一个困难是如何找到合适的对比集合。当听到"Some of the toys are on the table'一些玩具在桌子上'"时，成人会认为还有一些玩具不在桌子上：他们会推断出一个关于量级的会话含义，即说话人使用 some 暗含了"not all'不是所有'"。儿童在 4 岁或 5 岁甚至更大一点之前，通常无法做出这样的推断。一个可能的原因是他们不知道 some 和 all 是同一量级中的备选项；另外，当面对一个需要做出判断并选择 some 和 all 的任务时，儿童必须在一定语境中才能辨认这些选项。

如果让 4 岁的孩子判断一个陈述句的真假，如"Only some of the animals are sleeping'只有一些动物在睡觉'"（真实情况是图中所有的动物都在睡觉），他们并不能判断这个陈述句为假。但如果他们听到的是"Only the cat and the dog are sleeping'只有猫和狗在睡觉'"（真实情况与上述一致），他们能正确地否认这个描述。因此，清晰地表达量化等级中的选项能帮助儿童对含有 some 和 all 的句子进行真值判断。他们只有理解了与每个语境相关的可替代项，才能辨认与之构成对立的其他选项。相应地，这能帮助他们掌握成人规约的量化词意义，并把这些量化词依据不同量级进行排序，如<none ~ some ~ all>、<some ~ more ~ most>、<none ~ part ~ all>，以及其他的词汇量级，如<small"小"~ big"大"~ gigantic"巨大"> 或者<cold"冷"~ warm"暖"~ hot"热"~ scalding"烫">。儿童需要花费大量的时间来习得数词、量化词以及相关的知识。

地点与时间

儿童很早就开始谈论地点,他们会谈论事件的方位或者空间位移的目标。在他们最早期的词语组合中,他们使用方位指示词 *here*"这里"和 *there*"那里",并加上用手指向的手势,来说明物体的位置或者事件发生的地点。他们也会谈论动作位移的目标位置,如 *outside*"外面"、*in the box*"箱子里"和 *on the table*"桌子上"。他们通常把动作的路径与目标结合起来,并将此种路径与目标的结合广泛地运用到各种类型的动词上,包括表动作方式的动词(*run*"跑"向一个目的地)、表领有关系变更的动词(*give*"给"一个新的领有者)、表状态变化的动词(*turn red*"变成红色",呈现新的状态)和依附事件(*put*"放在"或 *stick*"粘在"某个地方)。如果同时看到动作位移的来源和目标,12 个月大的孩子已经表现得更偏爱关注位移的目标。这一发现表明对动作位移概念的认知存在不对称性,即在儿童认知中(可能也包括成人)目标比来源更加显著。

儿童早期关于来源的表达可能与他们对施事性(施事或动作执行者)、所有权(领有者)、原因(某些结果的成因)和比较(与标准的比较)的认识有关:

> **施事者与自然力**
> (a) D(2;2.3, looking at pieces of sandwich he'd pushed off his plate): *this fall down from me.*
> (b) J (2;2, of a visit to the doctor): *I took my temperature from the doctor.*
> (c) D(4;6.9, commenting on a story): *Daddy, the pigs have been marooned from the rain.*

> **原因、所有权和比较**
>
> (d) D(2;6.13, remembering an earlier event): *then I cried a bit from you go get him.*
> (e) A(3;0): *I see boats from Mommy.*
> (f) D(2;8.15, of his car seat): *this seat is getting too small from me.*

相对而言,儿童在早期几乎不会对时间进行直接的指称。但是到了大约 2 岁半至 3 岁时,他们能理解 *Put on your socks and then your shoes*"穿上你的袜子,然后再穿上你的鞋子"这类话语,并可说出 *I paint and then I pick them up*"我涂了颜色,然后把它们捡起来了"这类关于时序的表达。在对时序的理解方面,儿童关注两个因素:一个是事件提及的顺序,他们会把首先提到的事件当作最先发生的事件;另一个是小句的顺序,他们更偏爱把主句放在从句之前。在这两个因素的作用下,当 3 岁的孩子听到的指令是"The boy jumps the fence after he pats the dog'男孩跳过栅栏之前先拍了拍狗'"(事件 2 比事件 1 更先提及),他们跟随指令的行为总有错误发生;但如果他们听到的指令是"Make the boy jump the fence before he pats the dog'让男孩先跳过栅栏,然后拍了拍狗'"(先提到事件 1 再提到事件 2),他们跟随指令的行为总是正确的。当事件提及的顺序与事件发生的顺序相匹配时,3 岁的孩子在听到以 *after* 开头的小句指令(*After the boy jumps the fence, he pats the dog* "男孩跳过栅栏以后,他拍了拍狗")或者主句后跟随一个 *before* 引导的小句指令(*The boy jumps the fence before he pats the dog* "男孩先跳过栅栏,然后拍了拍狗"),他们则从不会犯错。

到了 4 岁时,儿童掌握了 *before* "在……之前"的意义,并开始正确地领会以 *before* 开头和结尾的小句指令。但同时,他们还是坚持以提及顺序的方法理解含有 after 的小句指令。一直到 5 岁左右他们才能正确掌握这两组指令语。

当被问及两个事件中某一个发生的时间时,更年幼的孩子(这里指 3 岁)通常无法做出回答,或者无法对第一个与第二个事件的发生时间给出相同的回答,他们的答案可能是 now"现在"、just now"刚刚"或 a minute ago"一分钟前"。当继续问他们更进一步的问题,如"What happened first?'哪个事件先发生了?'"和"What happened last?'哪个事件后发生了?'",3 岁和 4 岁的孩子可以恰当地回答几乎所有的 first-问句,但无法给 last-问句提供合适的回答。并且,这个年龄段的一些孩子只能用方位词来回答 when 引导的问句,例如 here"这里"、right here"就在这里"。对于那些可以理解 before 但不能理解 after 的 4 岁孩子来说,他们对 when 问句的回答具有不对称性:可以用 before 时他们的回答很恰当,但用 after 回答却显得很吃力。一些孩子采取的解决方法是根据提及的顺序简单地把事件进行排列。例如,当回答一个 when-1 问句(提问事件 1 发生的时间)时,他们的回答是"事件 1 and then 事件 2"。当回答一个 when-2 问句(提问事件 2 发生的时间)时,他们的回答是"事件 1 and THEN 事件 2"①。

总的来说,儿童和成人一样,用事件提及的顺序来反映一系列事件发生的时间顺序,例如 They set up the tent and they climbed the tree"他们搭好了帐篷,然后爬上了树"。随着儿童学会那些可以让描述事件的语序颠倒的连接词,例如 when,before,after 然后是 while,until 和 during,他们对提及顺序的偏好就会发生改变。关于时间的表达,儿童从 4 岁开始逐渐接近成人的用法,并且一直要到 6 岁甚至更晚,他们的使用才稳定下来。

---

① 这里大写的斜体 THEN 表示该词重读。也就是说,当儿童不能同时正确地掌握 before 和 after 时,他们用重音的方式区别两个回答。——译者注

致使和因果关系

儿童一开始利用动词来表达致使意义。他们通过添加直接宾语的方式把 *go*"走"和 *fall*"落"之类的不及物动词变成及物致使动词,例如 *I'm gonna fall this on her*(意为"I'm going to drop this [paper] on her '我要把这张纸扔她脸上'")或 *I'm singing him*(意为"making him sing '让他唱歌'")。英语中一些动词的不及物形式和致使形式不相同,比如 *fall*"落"和 *drop*"扔"、*eat*"吃"和 *feed*"喂"、*learn*"学"和 *teach*"教",还有 *come*"来"和 *bring*"带来"。但是多数动词不区分不及物形式和致使形式,只是论元类型和数量不同,例如 *open*"打开"、*walk*"走"、*sit*"坐"。2 岁的儿童就可以把名词转换为新的致使动词:

(a) S(2;4, wanting some cheese to be weighed): *you have to scale it first*. [= weigh]

(b) S(2;7, having hit his baby sister who cried): *I broomed her*. [= hit with a (toy) broom]

(c) S(2;11, not wanting his mother to sweep his room): *don't broom my mess*.

(d) S(3;0.21, watching a man open a door with a key): *he's keying the door*.

(e) S(3;2, asking whether his pants are mended): *is it all needled?*

(f) EB(3;10, using tongs to take spaghetti out of a pan): *I'm going to pliers this out*.

(g) CB(4;0, rejecting some paper she'd cut her finger on earlier): *I don't think I'll have this because it papers me*. [= paper cuts me]

一部分儿童新造的动词用法①填补了没有可用的规约动词留下的空白，但是其他新造的动词用法会被既有的常见动词以意欲表达的意义预先代替，例如 *drop* 表示"致使某物落下"，*sweep* 表示"用扫帚打扫"，*unlock* 表示"用钥匙打开"，*chop* 表示"用斧子切开"，等等。

虽然成人通常以带有所需意义的常见动词形式为儿童提供反馈，但是即便他们已经习得了常见的动词，一些新的致使动词还是存在于儿童的言语中。成人言语中高频的常见动词形式比低频的动词形式更早地代替儿童自己创新的动词，并避免继续犯错。只有单一形式的动词会比其他易混淆的动词形式更早地被掌握，因为这些单一形式会预先排除儿童自己的动词版本。如果儿童的错误形式对应了多个不同的成人形式，他们可能需要花更长的时间才能弄清哪个形式是在特定情景中所需要的。在此以表致使的 *stay* 为例：这个动词可能对应着 *keep*"保持"，如 *Mommy, can you stay this* [= a door] *open?* "妈妈，你能让这扇门一直开着吗？"；也可能对应着 *leave*"留下"，如 [*she*] *won't stay things where I want them to be* "她不想让那些东西留在我想要放的位置"。类似地，表致使的 *fall* 既对应 *drop*，如 *I'm just gonna fall this on her* "我只是要把这个放她身上"，也对应 *knock* [*down*]，如 *you fell me down* "你把我打倒了"。表致使的 *go* 对应着 *take*"带"（*go me to the bathroom* "带我去浴室"），或对应着 *send*"寄"（*do you have anything else you'd like to go to China?* "你有什么其他东西要寄到中国的吗？"），也可能对应着 *put*"放"（*go it over there* "放在那里"）。即使有成人的反馈，儿童一直到 12 岁也都还会犯这些错误，所以我们不必对此感到惊讶。

---

① 这里把原文的 novel verbs 译作"新造的动词用法"，是因为我们的理解是 novel verbs 的用法在常规的语言范例中是不存在的。比如，表中儿童语言例句的动词，其本身是存在的，但是直接用作致使动词是儿童自己发明的用法。——译者注

儿童也会注意到事件之间的因果关系,并且他们较早地开始把有因果关系的事件以原因在前、后接结果的方式进行描述。这就是说,他们根据时间顺序调整自己提及事件的顺序,如 3 岁孩子 Alan 对一个致使事件序列的描述:

> *Alan* (climbing on some boxes): *I'll fall off and I'll jump* <repair> *I'll jump and I'll fall.*

虽然他们最开始用并列结构表示因果序列,但是一旦改用一个从句描述致使成因,他们就需要选择如何谈论一个因果事件序列。当把从句放在主句后面,他们提及事件的顺序不再与事件的时间顺序一致,例如下面 3 岁半孩子的话语:

> *Nicola* (inside the playhouse): *they can't come here 'cos we're sweeping up.*
> *Steven* (wanting new paper on the easel): *take it off 'cos I'm going to paint on it.*

随后,在一些句式中,儿童把从句放在句首:

> *Will* (constructing a garage from Lego): *when the train stops, this is where it goes.*
> *Maureen*: *when I was a baby, I got washed in a basin.*
> *Nicola*: *if wee Brian's naughty to me, I'll smack him.*

在 *because* "因为"标记的因果序列中,儿童对不同方面的偏好是竞争性的:(a)根据事件的时间顺序提及事件;(b)将从句放在后面。他们也必须考虑结果或原因是否言谈交际中的已知信息(与新信息相对)。和成人一样,儿童通常以已知信息开头,随后添加新信息。但是已知信息表达的既可能是两个事件中的第一事件,也可能是第二事件。这造成了所需连接词的不同。儿童需要同时关注所有这些因素,这可能是他们需要好几年才能掌握因果句式的原因。

条件句和可能事件

儿童也会按照时间先后顺序表达两个事件之间的可能联系。一开始,他们关联两个可能事件的方式与其他早期出现的语法结构并无二致,都是简单地把两个事件并置,如下所示:

> Kate (2;4, climbing into her crib): *climb in. be fun.* (as she toppled in laughing)

到2岁的时候,儿童可以区分真实事件和非真实事件,这在他们的游戏中十分明显(详见第8章),并且,他们可以轻松地推断出特定事件之间的联系。但是条件句需要花费一定的时间来掌握:条件句具有复杂的句法结构,因为在表真实事件的条件句或表将来事件的通常条件句(generic conditionals)中(如"If it starts raining, I'll open the umbrella'如果下雨,我就打伞'"),动词的时态不同于表假设的虚拟陈述句(如"If he came, everyone would be surprised'他要是来了,所有人都会吃惊'",或"If he had used the brakes, he wouldn't have hit the gate'他要是刹车了,就不会撞上大门了'")。对事件必然性的预期也发挥着作用:学习英语的儿童倾向于用 *when* 表示必然事件(如"When Tom comes, we'll have a picnic'Tom 来的时候,我们去野餐'"),同时用 *if* 表示非必然事件(如"If Tom comes, we'll have a picnic'如果 Tom 来,我们就去野餐'")。

总的来说,儿童在学习条件句结构的过程中会经历多个阶段。最早,他们把两个小句并置。然后他们开始用 *when* 和 *if* 表示将来的预期事件:

(a) *Adult*：What are umbrellas for?

　　Lauren（2;7）：*when rain comes, we put an umbrella on top of us.*

(b) *Adult*：What if you fall in the water?

　　Lauren（2;8）：*I'll get eaten by a shark.*

(c) *Amanda*（2;11）：*when I older than Lindsey, then I'm the big sister.*

在此阶段，儿童能说出一些通常条件句，如 *If I eat too much, I get sick* "如果我吃得太多，我会生病"。在这类条件句中，他们对某些事件类型进行归纳总结。接下来，他们开始产出虚拟条件句，如：

Ryan（2;10）：*if Bulldozer man saw a fire, he would call the fire department.*

到了 4 岁，他们区分事实和推测，并在条件句中区分 *when*（必然）和 *if*（非必然）的用法。

(a) *D*（3;6.14, appearing with his father's shoes）

　　Father：Where were my shoes?

　　D：*upstairs in the logs.*（＝beside the fireplace）

　　Father：I looked all over for them last night.

　　D：*if you looked all over for them, you would have found them.*

(b) *Grant*（3;10）：*when I was <repair> if I was tiger, I would cook pa－<repair> popcorn.*

在此阶段，当儿童想表达一个事件由另外一个事件所决定时，他们会利用现在、将来和虚拟条件句。但他们仍需要掌握每种条件句式中合适的动词形式，对条件句式中动词形式的学习要一直持续到 11 岁。

小结

儿童从最简单的语法结构开始，用简单的词语表达简单的想法。但随着他们逐渐长大，儿童尝试着表达更复杂的想法，因此他们需要学习更复杂的语法结构。当儿童习得了不同疑问词的意义并学会提供合适的回答时，我们就可以看到儿童在提问和回答中取得的进步。同时，当他们开始使用句中否定词，并将其与助动词、情态动词和表否定的不同词语搭配时，他们产出多种否定句的能力也在提高。为了让他们的指称表达更清晰，儿童会用形容词、介词短语和关系小句修饰指称表达，使得指称表达的形式越来越复杂。

在儿童试图区分"一"和"多于一"的概念时，他们的产出也表现出类似的复杂过程，并且在描述事件中，他们对时间、地点的具体化和对事件描述的排序也变得更加复杂。在谈论事件中的因果关系和可能的关联性时，他们进一步习得更加复杂的语法结构。在每个方面，儿童都在为自己添加更复杂的语法结构，从而可以表达更复杂的想法。

第 7 章

进行会话互动

儿童需要知道的是，什么能帮助他参与到一个会话互动之中？一次对话是由什么构成的？它可能包括信息交流、参与者的话轮交替、指称表达的使用、对问题的回答以及共同背景的积累等。除此之外，儿童需要识别相邻语对，即一对话语中的第一个话轮引出第二个话轮，从而使另一说话人参与其中。常见的相邻语对包括问候，即交际双方轮流表达问候（A：hi"你好"——B：hi"你好"）；还包括提问，被提问的一方需要给出回答（A：*When are you leaving?*"你什么时候走？"——B：*At seven*"七点"）；或者是邀约，受话人必须做出接受或者拒绝邀约的回应（A：*Would you like to come with us?*"你能和我们一起吗？"——B：*'fraid I can't this week*"恐怕这周不行"）。尤其是对于提问和回答，儿童需要识别不同的问题和相应的答案类型。试比较一个是非问句，如 *Do you want some toast?* "你要吐司面包吗？"，和一个特殊疑问句，像 *Where did you leave your gloves?* "你把手套放哪里了？"。此外，作为说话人的儿童还需要掌握接管相邻语对后一话轮的准确时机。在交谈的过程中，他们必须通过在自己的话轮中增加新信息来维持话题。在这一章中，我们将要看到婴儿是如何从开始的微笑和注视之类的非语言互动，发展到后来参与到会话交际之中的。

互动和交际

在开始说话之前，婴儿就会和大人互动，通过微笑、发声以及对注视做出反应。大人会对婴儿的这些行为通过话轮转换做出你来我往的回应，从而适应这种说话前的互动交际。到了 9 个月或 10 个月大的时候，婴儿开始尝试让别人理解他们。小孩子会指着吸引他们注意的东西，并一直保持这种姿势，直到大人表现出对此关注为止。他们会伸手去拿他们想要的东西，并且坚持去用手够（通常伴随哀求声），直到大人做出回应。当达到目的时，他们会停止用手指或伸手够的姿势。这主要发生在大人对指向的东西命名或发表评论，或者大人把孩子举起来能让他看得更清楚并让他能接触到这些东西，或者是大人确认孩子到底想要什么的时候。孩子还依赖于演示类手势，比如塑造手形做出够拿果汁瓶旁边水杯的姿势，表示想要喝果汁；他们会把头从喂向他们的勺子跟前移开表示不想吃；或者把他们不想要的东西推开表示拒绝接受等。儿童会用手指或指示性的手势来回答某些问题，例如 *Where's your teddy?* "你的泰迪熊在哪里？"或 *Which book shall we read?* "我们读哪本书？"。

儿童发现手势的使用和学会说话之前的发声在交流某些意图时非常奏效。但这些并不等同于言语交际。因此，儿童需要做更多来参与真正的互动交际。一旦儿童学会说一些词语，他们就会在玩耍和进行日常活动时，通过打手势和说话并用的方式交流。但是，独词阶段的对话很难理解，因为孩子们的词语并不总是可辨认的，就像下面在 Brenda、她的妈妈和另一个大人之间的对话中，Brenda 首先画了一个她认为是 *wowow* "汪"（狗）的画，接着她试着说 *bone* "骨头"，然后又转向她表兄弟家狗的名字 *Ralph*：

> *Brenda* (1;7.2)：/bəm. bəm. bam. bəu/
> *Mother*：Hm?
> *Brenda*：/boĩ. boni. bəunĩ. boni/
> *Other adult*：Brown? Hm?
> *Brenda*：/ræuʃ. rous. rəuh/
> *Other adult*：Ralph? Yes, Ralph is a dog.

Brenda 从一开始就一直努力让别人理解她的意思，为对方提供她所说词语的不同变体，并尝试用其他相关的词语来传递她的意图。她非常依赖对变体词语的重复，一旦她的受话人表明理解了她的目标词，Brenda 就会接着进行下一个话轮，像下面这段关于电风扇的对话一样：

> *Brenda* (1;8, looking at electric fan)：/fēĩ. fæ̃/
> *Mother*：Hm?
> *Brenda*：/fæ̃/
> *Mother*：Bathroom?
> *Brenda*：/fanĩ. faĩ/
> *Mother*：Fan! Yeah.
> *Brenda*：/kʰu/
> *Mother*：Cool, yeah. Fan makes you cool.

在 Brenda 最早的录音或录像记录中（从 1 岁 2 天开始），超过 2/3 的话语被大人认为是难懂的，但是到了 2 岁的时候，大人有大约 85% 的时候能听懂她想说什么。这种可理解度的提高说明她说话越来越流利了。2 岁大的孩子不仅能更流利地说出单个的词语，还会组合词语使用，并且会添加表词形变化的屈折形式和语法语素。这每一步都使得他们的话语更容易理解。大约 2 岁 6 个月的时候，在大人一小孩的交际中，通常超过一半的时候都是由孩子发起言谈的话题。

随着孩子学会的话语的增多,他们就不会仅局限于用手指、用手够的姿势来表达前语言阶段的断言和请求行为。他们逐渐学会用语言来口头表达断言和请求行为,然后学会如何做出承诺和警告,如何表达适当的社交回应(*please*"请"、*thank you*"谢谢"、*sorry*"对不起"),以及如何使用语言来执行某些行为(例如 *you're it*"你就是它了"①),这些都是说话人在与他人交流时所依赖的各种言语行为。这些言语行为有助于说话人明确自己的意图,但话语形式类型与言语行为类型之间并非一对一的匹配关系。说话人可以用陈述句断言:*Landon caught the ball*"Landon 接住了球";或者用疑问句断言:*Did you hear that Landon caught the ball*?"你听说 Landon 接住了球吗?";还可以用反问句断言:*Didn't you know that Landon caught the ball*?"你难道不知道 Landon 接住了球吗?";等等。另外,说话人发出警告或威胁的方式也很多:*I told you to leave that alone*"我告诉过你别管了";*Don't touch it or I'll tell Dad*"别碰它,否则我告诉爸爸";*If you touch that, I'll take your bike away*"如果你碰它,我就把你的自行车拿走";等等。儿童识别和使用言语行为的技能是随着语言的发展而发展的。

孩子会向大人提议讨论什么话题呢?他们会谈论此时此刻在场的、日常生活中的物体和事件,像他们能操控玩耍的物品如勺子、钥匙、积木、玩具汽车、小玩偶、布娃娃,以及任何他们能参与的活动事件。小孩和成年看护者一起参与各种共同合作的活动:把各种形状放进形状盒,用积木搭塔,玩拼图游戏,辨认书中描述的

---

① *you're it*"你就是它了"这个句子的意思需要一个特定的情景来理解。在不同情景里,这个句子的实际意思会不一样。我们设想的一个情景是:在一个扮演游戏中,孩子在给陪他玩耍的大人或者其他孩子指定角色。孩子说"*you're it*"即为指派角色"你就是它了",即"你扮演它这个角色"。所以,在这个情景下,这个句子可以看作一种言语施效行为,因为说出这句话的时候,就是指派行为完成的时候。——译者注

物品和活动，收拾玩具，整理勺子和叉子。他们在游戏中还会表演日常生活中的惯例活动，像洗漱、穿衣、睡觉、吃饭。在做这些事情的过程中，儿童谈论他们所关注的物体和行为，并增加积累大人在谈话过程中直接或间接提供给他们的新词语。

在早期的交流中，大人和孩子之间很少谈及将来的事情。孩子一开始关注的是他们事先能预料到的动作，例如一个 1 岁的孩子站在楼梯上，打算把玩具扔下去，但他们首先低头看了看，然后说 uh-oh"啊哦"，此时他们手里仍拿着玩具。直到大一些，他们才开始着手未来更遥远的事情，比如计划将要在海滩上做什么。他们也会谈论过去偶尔发生的事情，例如一个 1 岁 6 个月的孩子指着前一天晚上大人放杯子的空空的窗台说 *glass* "杯子"，或者是一个 2 岁的孩子说 *truck outside* "卡车出来"，实际是指那天早上清洁工开垃圾车发出的声音。在这个阶段，儿童的大部分谈话内容都是关于当前言谈语境中所见的。

共同背景

为了使对话顺利进行，参与者需要跟踪各自已经知道的内容，以及在交际的每个话轮中添加了什么新的信息。这就要求他们了解共同关注（他们每个人都在关注同一件事吗？）、物理同现（处于共同关注的实体在当前的语境中是否存在？）以及会话共现（说话人是在谈论或用手势指涉那个共同在场的物体吗？）。这三个条件对于所有的交际都是必不可少的。没有它们，交际双方就无法建立共同背景。

在会话交际中，说话人利用共同背景，对会话中新增的每一条信息进行确认，从而在每次交谈中积累共同背景。在早期的对话交流中，儿童依赖成人对话者来开启话题，认为大人对他们开启的话题已经有所了解。这使得大人能够为孩子提供支持性的"脚手架",帮助年幼的孩子在他们还不会叙事的时候能谈论一件事情。比如,本书第 1 章的一段对话,讲朋友家的虎皮鹦鹉落到了 1 岁 6 个月大的孩子 D 头上,D 被惊吓到的故事;或者是前面第 4 章讲到的同样是 1 岁 6 个月大的 Meredith 试着讲述她创可贴的故事。

当孩子学到更多的词汇并会表达更长的话语时,大人就会减少为他们提供"脚手架"的数量。也就是说,随着孩子语言技能的提高,他们会逐渐在对话中承担更全面的角色,也更善于建立共同背景。比如,当孩子和家人交谈时,他们会把日常生活、他们的屋子、玩具、游戏、书籍等视为理所当然的知识信息。随着孩子年龄的增长,他们的语言知识也在扩充,他们与其他操该语言的说话人之间的潜在共同背景也在扩大。随着孩子词汇量的增加,他们认定大人知道很多事物的词汇,并能在自己需要时帮着提供这些词语。孩子经常会用手来指和询问大量的 *What's that* "那是什么"这样的问题,以此获取自己想要表达的不熟悉的物体和事件的词语。当孩子错误地使用词汇标签或者遇到新的事物时,大人会提供给他们新的词语。

> *Child*(2;11, looking at a book with Mother)
> *Mother*: I don't know if you know what that one is.
> *Child*: *that's a snake.*
> *Mother*: It looks like a snake, doesn't it?
> It's called an eel. It's like a snake only it lives in the water.

孩子学习如何与陌生人建立共同背景,不管这陌生人是同龄人还是大人。与此同时,他们会变得更善于在交际互动中追踪哪些是共同背景中的信息,哪些不是。这可能体现在他们对不同语言成分用法的掌握上,像表示有定的限定词 *the*:

> (a) Sarah (3;6.6, with no prior mention): *where's the black tape?*
> Mother: What black tape?
> (b) Christy (7;0.21, listening as younger sister Eva tells their mother about a TV programme, without any previous mention of an island)
> Eva (5;0): ... *the island*.
> Christy: *you're saying 'the'*! ... she doesn't know!

在上例姐妹之间的交流中,大孩子 Christy 很清楚地知道,要使用定冠词 *the*,所述信息要求是已经存在于共同背景之中的,但是她的妹妹 Eva 之前没有提到过任何 *island* "岛屿" 而在其前错误地使用了定冠词。儿童会过度使用定冠词一直到 5 岁或 6 岁,但是由于他们早在 2 岁或更早的时候就知道追踪受话人已知的信息,所以这种过度使用定冠词并不能说明儿童在过度归属共同背景,而仅仅是说他们学会正确使用定冠词 *the* 要花较长时间。

共同背景要求每个参与者都知道说话人所提供的具体信息,听话人通过注视、触摸或重复所讲的词语来确认说话人的信息。这种确认形式是把新的信息纳入共同背景之中的主要手段,通过这样的确认可以表明当前说话人听到并接受了刚提供的新信息。事实上,在成人与儿童的对话中,大人重复孩子说的话是很常见的。它的作用有两个:大人通过重复认可并为孩子提供一个如何说那个特定词的样板;而孩子通过重复可以确认他们已经听到了那个词并且自己试着说出来。例如:

> (a) *Hal*（1;10.26）：*what's this?*
>
>   *Mother*：*It's a beaver.*
>
>   *Hal*：**beaver.**
>
> (b) *Mother*：*That's a wolf.*
>
>   *Hal*（2;0.14）：**wolf.** *like a big dog.*
>
> (c) *Child*（2;3）：*red* /kændo/
>
>   *Mother*：**Red candle.**
>
> (d) *Child*（2;3）：*that climbing.*
>
>   *Mother*：**That's** for **climbing** and *it's called a ladder.*

在这几段对话中，参与者都通过重复部分的或全部的信息内容来确认之前的话语信息，并通过这种方式将确认的信息纳入双方的共同背景之中。

旧信息和新信息

在交谈中，说话人会追踪辨识哪些信息是已知的（已经存在于共同背景之中的），哪些信息是新的。在英语中，新信息通常用重音标记，例如话语末的重音或者是非末尾的对比重音。新旧信息也可以用语序标记。在英语中，新信息通常是跟在旧信息之后的。说英语的儿童可能会先依靠重音来标记识别话语中的新信息，之后才会依靠语序手段。儿童在识别新信息时对重音的依赖可以从他们早期伴有行为动作的独白话语中看出，也可以从一些对话交际的话轮中看出。比如：

> (a) *Seth*（1;9, playing and commenting）：***man.* BLUE *man.***
>
> (b) *Seth*（1;9, playing）：***ball.* NICE *ball.* ORANGE *ball.***
>
> (c) *Mother*（looking at picture book）：*What is the street?*
>
>   *David*（2;5）：*FIRETRUCK street.*

在包含主语和宾语的话语中,儿童通常把重音放在宾语上,将其作为新信息。而在包含宾语和处所(状语)的话语中,儿童几乎总是将重音落在处所成分上作为新信息。最终,儿童学会通过调节重音和语序来标记英语话语中的新信息。

话轮转换时机

当只与一个人(成人)交谈时,即使是很小的孩子也会面对轮流说话中话轮转换的时机问题。大人往往会一直等到小孩说完之后才继续他的下一话轮。但是当孩子与父母兄弟姐妹进行更大范围的多人对话时,他们就会遇到一个问题:其他人轮流发言接替话轮的速度比他们快,所以他们可能会被排除在对话之外。当孩子有话要说时,他们会在话轮转换相关处之后的两三秒钟才说出来。可这时其他说话人已经接替话轮开始继续说话了。

儿童在交际中必须掌握何时说话并且知道要说什么。这就意味着他要跟随其他说话人以及他们所说的内容。要做到这一点就必须注意接话时机。在大人之间的言谈交际中,话轮交替的间隔时间很短(通常是200~400毫秒或更少),而且与前一个说话人的话语重叠也很少。然而,1岁和2岁的孩子可能会用3秒钟来回答一个问题,即便孩子下一轮说话出现在上一说话人结束4秒钟之后,大人也可能会认为它是相关的话轮。孩子什么时候才能学会用足够快的速度在交际中抓住合适的说话时机呢?

关于这个问题,我们以问和答为例来讨论。当孩子回答一个问题时,他们需要理解这个问题,并同时计划和做出回应。他们需要学会预测说话人的问题何时结束,这样他们就知道什么时候开始自己的答话。要做到这一点,孩子必须考虑问题的内容,比如提出问题所使用的词语,以及说话人使用的语调曲拱类型。然而对于年幼的孩子来说,词语可能是更重要的线索。

在成人和儿童的对话转换时间研究中,提问和回答都有着重要作用。这是因为问题和它的答案形成了由两个邻近话轮构成的相邻语对,其中第一个语对即问题,要求下一说话人尽快给出答案作为第二个语对,以便保持交流。研究者在对成人言谈交际中回答是非疑问句的时间进行跨语言研究时发现,在许多不同的语言中,说话人在问题结束后的0~400毫秒之间会产出模态回答[①]。也就是说,在问-答话轮转换中,没有可感知到的间隙和重叠。

预测当前说话人何时结束话语是下一说话人(受话人)准时接话的一个因素。计划回应和执行回应则是另外一个因素。孩子开始做简单的回答(只有一个词或仅仅是 Yes 或 No)要比做复杂的回答(不同长度的词语组合)快得多,但他们在回答问题上比大人还是要慢许多。从1岁8个月开始,儿童对是非疑问句的回答速度稳步上升,到3岁5个月时已经接近成人的时间。对于特殊疑问句的回答,由于儿童是在不同阶段掌握每个特殊疑问词的意思,所以其发展情况很难评估。总的来说,随着年龄的增长,孩子在回答是非疑问句和特殊疑问句时,会从单个词语发展到更复杂的答案。更复杂的答案自然需要更多的时间来计划和产出。随着年龄的增长,一旦孩子习得语言取得了更大的进步,而且能更好地使用语言,他们就会更快地回复更复杂的答案。

为了加快回答问题的速度,孩子们必须预测前一说话人的问话何时结束。使用疑问句的时候,儿童可以关注疑问句的形式、所使用的特殊疑问词以及实义词,这样不仅可以得到答案所需要的信息,而且可以得到关于话语何时结束的信息。比如当问到 *Where are your shoes*?"你的鞋子在哪里?"这个问题时,孩

---

① 这里的模态回答指的是用多模态的方式回答。也就是说,既可以用言语来回答,也可以用非言语方式比如点头、摇头来回答。——译者注

子可能只注意 *shoes*"鞋子"这个词,并四处寻找鞋子,以为大人要的是鞋子或与鞋子有关的东西。因此,当孩子用手指着鞋子、去取鞋子或者说 *there*"那里"(同时使用一个指示的手势)以及 *shoe there*"鞋子那里"时,这些都将被视为合适的答案。他们也可以使用是非疑问句(末尾升调)和特殊疑问句(末尾略微降调)的语调模式来预测问题所在话轮的结束。儿童和大人一样,依赖词汇和语调这两种线索。从早期语言发展来看,利用词汇信息要优先于语调信息。

看下面有关"猫头鹰(owl)"的这段对话。在母亲的第 1 个话轮中,她首先提到 *birds*"鸟",然后说出具体种类的名称,即 *owls*。但是,孩子第一次"认同"到这一信息的时间有点晚:在她的第 2 个话轮中才认同并说出 *birds*。只有在母亲模仿发出猫头鹰特有的声音后,孩子才认同并说出 *owls* 这个词(孩子的第 3 个话轮)。并且,只有在母亲重申关于猫头鹰叫声的信息之后,孩子才说出猫头鹰 *hoo* 的叫声表示理解和认同母亲的话(孩子的第 4 个话轮)。在每一回合的话轮中,孩子都回应得较晚,也就是说,如果每个回合的话轮都向上移动一个,那么孩子就会更及时地确认母亲刚才所说的话。

Child (1;8.12, looking at picture of owls in new book):
　　duck. duck. (turn 1)
Mother: Yeah, those are birds. <looks at picture>
　　They're called owls. <points at picture>
　　Owls, that's their name. Owls. <looks at child>
Child: **birds**. (turn 2)
Mother: And you know what the owl says?
　　<points at the picture again> The owl goes 'hoo'.
　　'hoo'.

> *Child*: **owl**. (turn 3)
> *Mother*: That's what the owl says.
> *Child*: **hoo**. <smiles> (turn 4)
> *Mother*: that's right.

随着儿童接替话轮的速度变快,他们也会利用一些话语成分来表示他们即将接替话轮但还未完全准备好:比如预先使用 *uh*,*um* 之后伴随停顿,或者临时使用 *well* 等。他们在 2 岁的时候就知道,应该在对方结束话语之后尽快接管话语权。而且,用一些话语成分作为他们打算说话的信号,以此可以争取一点时间来计划自己对这个问题的回答。

游戏扮演与现实

儿童会在社交游戏中说话,所以这为他们提供了又一个练习语言和对话的舞台。其中一些练习活动反映了他们与父母玩耍以及后来与其他孩子玩耍时针对熟悉话题进行的日常互动交流。除了扮演与他们活动相关的对话交流,他们还会为不同的角色扮演不同的声音,并且通过"舞台说明"①来指导他们将要说的话。当儿童逐渐发展到能合作游戏玩耍时,他们不仅能表演日常的经历,而且还会表演虚构的情节,为其中不同的角色扮演不同的声音,并且还会选择考虑如何为特定的角色发声说话。随着年龄的增长,他们在交际中会考虑年龄、性别和地位等因素。而且,儿童在游戏扮演的交流中还会转换角色,从现实中玩耍的小孩转换到扮演情节中的角色,就像下面这个 3 岁的孩子通过扮演洋娃娃说话,让自己

---

① 这里的"舞台说明"是指在进行角色扮演之前,儿童往往会对自己和受话者的角色分工做交代说明。比如下文例子中,法语的 *tu étais le gendarme et moi le voleur* 'you were the policeman and me the burglar',英语的 *pretend turtle found it in the water* 等。——译者注

进入情景角色之中：

> Mother and 3-year-old, playing with a dolls' house,
> *Mother*: And then we can—shall we say that this is your room then?
> *Child*: yes.
> *Mother*: It's the Maja doll's room. That's what it is. What furniture does the Maja doll want to have in her room?
> *Child* (very squeaky voice): *I want to have the furniture in MY room.*

　　2岁大的孩子会和父母一起配合做游戏，模拟不同的交际场景，在这一过程中承担和分配不同的家庭角色（母亲、父亲和孩子），比如大家假装吃一顿饭的时候（提供吃的和喝的）、购物的时候（买东西、付款）或者把娃娃放到床上（脱衣服、洗澡）的时候。这些早期的游戏扮演通常反映了儿童所熟悉的日常生活中的方方面面。随着年龄的增长，孩子开始区分使用于不同角色的语言。在3岁到4岁的时候，儿童就会区分跟母亲所说的话和跟1岁小孩所说的话：他们和母亲所说的话会更长更复杂；相比之下，在某种程度上跟小孩或者同龄人所讲的话要短得多，还会缺少语法成分，比如 *There you are, You want more?* "给你，你想要更多吗？"，或者用名字替换代词来使用，如 *Becky want more?* (= You want more?)"Becky想要更多吗？"(= 你想要更多吗？)。除了更多地使用名字，儿童在对婴儿说话时还会更多地使用重复和祈使句。当自己扮演婴儿的角色时，他们使用独词句（*bottle*"奶瓶"；*blanket*"毯子"；*hat*"帽子"；*milk*"牛奶"）以及简单的词语组合（*no touch*"别碰"；*hat on*"戴帽子"；*what dat?* "那是什么？"），还有一些超出所需范围的表达方式，例如 *Could you put my sweater on?* "你能把我的毛衣穿上吗?"或者 Oh, I'm just resting"噢,我只是在休息"。这时儿童还没有完全表现出适合听话人年龄的语言的能力。这些孩子能够把他们和母亲说话的方式与和同龄人或婴儿说话的方式区分开来。在区分不同的受话人时,他们利用了成人与儿童交谈时经常呈现的几个特点:更短的话语、重复、经常提问、用名字替用人称代词等。

到了 5 岁时,孩子能很好地为所要扮演的特定情景搭建舞台,为特定角色"配音",并给予舞台说明。这些方面的混合运用会随着游戏玩耍种类的不同而变化,从孩子用小玩偶作为道具为其配音表演,到在不同长度的游戏情景中给自己和其他伙伴分配不同的角色。儿童会用正常的声音给表演提白(舞台说明的一部分),但有时音量会降低;他们还会以第三人称的形式提供背景叙述用以设置场景。并且他们可能会以正式的提议开始,比如 Let's pretend …"让我们假装……"或者 Make believe that …"假装以为……"。这个时候,孩子就从现实的幼儿园场景进入舞台表演的情景。在游戏扮演中,甚至是 3 岁或 4 岁那么小的孩子都能区分舞台说明和实际的角色扮演,前者的话语通常是过去时态(像在英语、荷兰语和德语中)或是未完成体(如在法语或意大利语中),而后者则是以现在时态为标志。如:

Stage Directions"舞台说明"

Dutch: *ik was de vader en ik ging een diepe kuil graven.*
　　　'I was the father and I was going to dig a deep hole'
English: *pretend turtle found it in the water.*
German: *dies ist ein Pferd und das wäre der Stall.*
　　　'this is a horse and that would be the stall'
French: *tu étais le gendarme et moi le voleur.*
　　　'you were the policeman and me the burglar'

> Italian: *la porta era qui.*
> 　　　　'the door was here'

也就是说,当孩子在计划和表演游戏情节时,他们会区分非真实的游戏情景和真实的现实场景,而且可能会在同一个话轮中提及这两者。比如在下面 Jamie 和一个朋友之间的交流中:

> *Friend*(5;0): He bumped his tail. *oh my tail.*
> *Jamie* (5;6): *wahwah. I've killed everything.*
> *Friend*: But you was wrong. Turtle was alive.
> 　　　　And you said: 'Ah, I'll cut your head off.'

在不同角色的诱导式谈话中,儿童展现了他们对语言的了解情况。4 岁到 7 岁的孩子将自己当成木偶,越来越熟练地扮演不同的角色,模拟在家庭、教室和医生办公室等不同场合中说话交流。当孩子被要求在每个场景里为三个木偶中的两个扮声时(在实验诱导环节中轮流扮演角色),这些孩子能将他们的说话方式(作为孩子的角色)与作为母亲或作为父亲的说话方式区别开来。在扮演(年幼)孩子的角色时,他们通常会依靠高的音调、短的话语和一些语法要素的省略等方式来说话。他们能区分不同的受话人,以表达请求为例,与跟妈妈直接提要求相比(*Mommy, I want a drink of water* "妈妈,我要喝水"),他们跟爸爸提出请求会采用更加礼貌的间接语言形式来暗示(*Ice-cream tastes nice, doesn't it?* "冰激凌尝起来不错,对吗?")。当孩子扮演父母说话时,他们会用暗示(*Sweetie, time to wake up* "亲爱的,该起床了")和命令(*Go home!* "回家!")的方式,而作为孩子对父母说话时,他们会用表需求的陈述(*I want a cookie* "我想要一块曲奇饼干")和礼貌的请求(*Would you take me home?* "你能带我回家吗?")。他们还区分母亲和父亲的角色,但他们的话语内容在很大程度上是基于原型母亲和父亲通常做什么的惯例（即使这并不与他们自己的家庭结构相匹配）——母亲在家照顾孩子和做饭，父亲提着公文包去上班。只有当孩子长大后，大约8岁的时候，这种刻板印象才会被抛弃。

这个年龄①的孩子在扮演教室场景中的老师、学生和外国学生的角色时表现得不太熟练。虽然他们能区分说自己语言的老师和学生，比如在表达请求行为时，他们对老师讲话时要表现得礼貌一些，但是他们很难区分以英语为母语的学生和外国（英语能力有限）学生这两个角色。而在扮演看医生的场景中，其中的言语交谈涉及不同角色的变化，比如作为病人角色的孩子，或者扮演作为医生、护士或家长之一等角色。同样，孩子会区分受话人，对医生说话比对护士说话客气，对所有大人说话比对孩子（儿童病人）客气。这些孩子清楚地知道自己在每个角色中的年龄和地位。

儿童也会利用他们在每个场景中知道的任何相关词汇。比如在看医生的场景中，他们会说出如下这些词语：*temperature*"体温"、*thermometer*"温度计"、*broken*"摔断"、*cast*"扔"、*cut*（"切除"，做手术用词）、*damage*（"受伤"，比如嗓子坏了）、*medical*（"药"，实际是 *medicine*）、*stitches*"缝针"、*shot-things*（"注射器"，实际是 *syringes*）、*aspirin*"阿司匹林"和 *X-ray*"X光"。但他们有时也会错判相关词语的使用：

> Child（6;0, as-doctor）: I'll have to operate—scalpel, screwdriver, and uh, what else can we use?

游戏扮演是一个练习说话的机会：以特定角色（孩子、父亲、教师、医生）交谈，根据年龄区分不同的角色（母亲与孩子、教师与学生），也可以根据性别（父亲与母亲）和身份地位（医生与儿童患者）来区分角色。在这个过程中，儿童在表达请求时，需要选用适当的

---

① "这个年龄"根据上文所言，应该指4～7岁这个年龄段。——译者注

语言形式来标记说话人的角色,如一个地位较高的说话人对地位较低的人使用祈使句来传达命令;而一个地位较低的说话人向地位高者使用礼貌的形式表达请求(Could you..."请问您能……吗")。4 岁到 7 岁的孩子在像小孩对父亲说话(而不是对母亲说话)、护士对医生说话、小学生对老师说话时,总是始终如一地使用礼貌请求的言语类型。这个时候,儿童也开始为特定的角色使用专门的词汇,即使他们对如何恰当地使用词汇知道的仍然有限。儿童对社会角色的观察在他们的扮演中清晰可见,说明这是来自与他们互动交谈的不同说话人。

小结

　　随着年龄的增长,孩子与成人以及他们与同龄人之间的会话交际也会发生变化。他们有更多的话要说,他们变得更善于和他人交谈。大人提供给他们的"脚手架"的帮助越来越少,而孩子在评估和累加共同背景方面会变得更加熟练。在这个过程中,儿童不仅认同接受另一位说话人提供的新信息,而且在轮到他们说话的时候,也开始贡献自己的新信息。

　　孩子也开始变得更加擅长接管话轮,这在很大程度上表现为对接替话轮时机的把握。比如,1 岁到 2 岁的孩子接管话轮的时间会延迟。他们回答问题时,往往在说话人的问题结束后和自己开始回答之前留有时间空隙。但是到了 4 岁,孩子接管话轮的时间把握能力就会接近成人,因此能够更好地及时做出互动贡献,并在多方对话中增加交际共识。

　　孩子也会变得更善于说出适合特定社会角色的话语。他们已经开始注意到地位和年龄在人们如何说话、如何选用提要求的语言形式上表现的差异,而且还关注到从不同地位和年龄的说话人那里听到的词汇种类的差异。他们能区分适合于父亲、母亲、小孩、医生、护士和儿童病人等不同人物角色的话语。在儿童扮演不同角色时,他们通过为玩偶配音,做出一些区分来体现虚拟表演中特定角色的差异。并且,在虚拟游戏的扮演中,他们会小心地把剧中扮演角色的话语和在剧中用于构建表演背景的舞台说明话语区分开来。

第 8 章

视角、视点和角色扮声

当说话人选择词语用于指称表达时,实际上是在选择他们希望为受话人呈现的某种视角。例如,在不同的情况下,说话人可能用不同的词语来指称邻居家的那条狗:*the dog* "那条狗"、*the collie* "那条柯利牧羊犬"、*that animal* "那个动物"、*the incessant barker* "不停叫唤的家伙"或者 *my neighbour's pest* "我邻居家的讨厌鬼"。在某种程度上,所选的指称表达形式表明了当时说话人选取了什么样的视角(和态度)来对待邻居家的狗。在另一个情景中,说话人可能会用以下语言形式指称她的邻居:*my neighbour* "我的邻居"、*the clarinettist* "那个单簧管演奏者"、*the children's music teacher* "孩子的音乐老师"或者 *that woman over there* "那边的那个女人"。由于这些指称表达提供了不同的信息,说话人如何选用取决于在特定的对话语境中哪个形式能为受话人提供最有用的信息。作为说话人,我们应充分利用语言的这种灵活性,并且我们能在不同场合自由地使用各种表达形式来指称同一个实体或范畴。每个指称表达有不同的意义(能表明不同视角的意义)但可用于指称相同的对象。语言的这一特征很重要,因为说话人在给实体和事件进行有关视角选取的语言分类时,需要考虑到不同的场合、不同的语境和不同的受话人,那么不同的语言指称形式可以指称相同的对象这一特征给予说话人较大的选择自由,从而能表达不同的视角意义。

当儿童听到同一个实体或同一个事件的多种指称表达形式时,他们必须弄明白这些表达的意义差异和说话人使用这些表达的原因。词汇选择只是语言视角表达所关涉的一个方面。说话人也会使用动词的不同语法形式(即动词的语态"voice")。他们可能用主动态(active voice)表达一个事件,如 *The boy lit the fire*"那个男孩点燃了火";或省略施事(*the boy*)并用中动态(middle voice)谈论受动作影响的事物,如 *The fire lit quickly*"这火生得很快"(这种句式在英语里并不常见);或者可能以"火"作为描述事件的开头,并在表被动态(passive voice)的动词后提及事件的施事,如 *The fire was lit by the boy*"火被男孩点着了"。

词汇和语法结构的选用都可以用来标记视角。在儿童理解说话人如何使用词汇和句法结构时,他们必须同时关注词汇和语法结构两方面的视角选择。我们将首先讨论儿童何时何地掌握概念视角的表达,随后将重点放在儿童如何利用这一能力讲述故事。

词汇视角和语法结构视角

当儿童开始使用语言时,他们也必须选择词语,来描绘自己想要谈论的物体和事件。即使还很小的时候,在一些场合,他们可能会用两个词语指称同一个事物,并以此标记对此事物的不同视角。儿童词汇量的大小以及词汇的组织形式决定了可用词语的选择范围。儿童会学到新的词语,并发现哪些旧词是其他词语的上位词,因此可以"包含"其他词语,例如 *animal*"动物"包含 *dog*"狗"、*cat*"猫"、*lamb*"羊"、*zebra*"斑马";*toy*"玩具"包含 *doll*"玩偶"、*teddy*"泰迪熊"、*block*"积木"、*ball*"球";*clothes*"衣物"包含 *socks*"袜子"、

scarf"围巾"、jacket"夹克"、hat"帽子";food"食物"包含cereal"麦片"、apple"苹果"、cheese"芝士"、cracker"饼干"。并且,儿童会把这些词语按不同角度或交叠关系进行分类,如fish"鱼"/pet"宠物"、lion"狮子"/hunter"猎食者"、father"父亲"/fireman"消防队员"。在这些词汇积累的过程中,可用词语的选择范围可能每天都在变化。儿童以他们的物理空间知识为基础,例如,他们知道如果要让一个参与会话互动的人看到自己所看到的东西,比如图片和书,那么这些图片和书必须面向这个人。这一点在孩子2岁时就很明显了。此时孩子可以把玩具排成一个队列,并朝向玩具位移运动的方向,也能解释玩具可以从不同的位置"看"到什么:

> D (2;0.9, playing with two plastic rabbits and a small figure; D placed all three on a low table, along one edge so they faced his mother): /ə/ watching Eve, rabbits watch Eve. (then he moved them to an adjacent edge, turning them 90° to face his father): /ə/ watch Herb.
> Father: Can you make them watch television, can you make the rabbits watch television?
> D: yes. (he rearranged them along another edge so they all faced the TV, and added some more toys, also facing the TV; then pointed at them): Eve, Eve, /ə/ all watching TV.

到了大约2岁6个月的时候,幼儿清晰地知道不同的指称表达可以用来指称同一实体。在不同的场合,Peter也可以被称为the rabbit"那只兔子"和the animal"那个动物"。说话人会计划如何在相关的词汇组织层级将该个体呈现给当前受话人,这决定了说话人指称表达的选择。事物有时属于两个词汇类别,比如the rabbit"那只兔子"和the postman"那个邮差"可能指称相同实体(在 Richard Scarry 充满拟人化角色的书中)。而这两个指称表达并不一定是 *a rabbit is an animal* "兔子是一种动物"中体现的上下位关系。2~3 岁的儿童能很好地回答需要两个不同词汇标签的问题。他们能很轻松地在某一场景中将一只猫的形象指称为 *the cat* "那只猫"和 *the cook* "那个厨师",也能同样轻松地在另一个场景中用 *the cat* 和 *the animal* 指称这只猫。

(a) D (1;7.20, naming each animal as he removed it from a puzzle): *lion. tiger. zebra* … (then, after doing the puzzle, with every piece back in place): *animal back.*

(b) D (2;1.27, when his mother asked what he was usually called)
 Mother: Are you 'lovey'?
 D: no, I 'Damon', I 'cookie', I 'sweetheart'! Herb 'lovey'.

(c) D (2;5.4, of wastebasket, always called 'basket' when he threw things into it, as he put it over his head): *that a hider: hide me in there.*

为同一个指称对象标记不同视角的能力很早就出现了。在大约 1 岁半或 2 岁时,一旦儿童掌握了足够的相关词语,他们就具有了这种能力。同时,他们从一开始就接触到成人使用指称表达的方式,即在不同的场景为同一个指称对象使用不同的指称形式: *the fruit* "水果"和 *the banana* "香蕉"、*the dog* "狗"和 *the collie* "柯利牧羊犬"、*your cereal* "你的麦片"和 *your Cheerios* "你的'晶磨'麦片"①、*the bread* "面包"和 *the sandwich* "三明治"、*the house* "房子"和 *the building* "建筑"、*the whale* "鲸鱼"和 *the beluga* "白鲸"

---

① Cheerios 为一个麦片品牌,中文品牌名称为"晶磨"。——译者注

等。到了 4 岁的时候，儿童在考虑不同的角色和世界观时，他们能在交谈中轻松地切换并自主地表达不同视角：

> (a) D (3;11.17, in a wild animal park): *ANTS think people are walking trees.*
> (b) D (4;5.2, Mother reading Kenneth Grahame's *The Reluctant Dragon*; D holding his fingers 2cm apart): *and I would be this big to the dragon.*
> (c) D (4;6.27, thinking about giants): *for a GIANT, a year is just an hour, and an hour is just a minute!* (pause) *and for an ANT, an hour is a year!*
> (d) D (4;9.2): *Mummy, a fork is like a rake to a mouse.*

追踪他人的视点

儿童关注受话人已知的信息。例如，在一个情景中，父母看着另一个成人（实验员）把某个东西藏在一个够不到的箱子里，2 岁的孩子能简单地指向那个箱子，以此说明他们想要的东西在哪里。但是如果他们的父母闭上眼睛或者在房间外面，2 岁的孩子也能详细说明物品所处的位置，如 *that box* "那个箱子"、*in that box* "在那个箱子里"。事实上，他们会通过考虑父母的空间物理视点来推断他们父母知道的信息。需要注意的是，选取他人的视点并不等同于选取他人的概念视角（conceptual perspective）。一个人可以从相同视点表现一个事物的不同概念视角，例如孩子在上述实验中的选择：*in that box* "在那个箱子里"对比 *in that container* "在那个容器里"。

其他的视点任务对于儿童来说则更加困难：例如，在一个由实验员叙述动作的场景中,儿童可能观察(但不参与)玩偶表演的剧情。同时,儿童需要时刻关注每个玩偶可以看见的事物(即每个玩偶的视点),并且需要推断出玩偶在何种程度上了解那些藏起来的巧克力。随后儿童被问及:"Maxi(玩偶的名字)会在哪里寻找那些巧克力呢?"当儿童是场景中的观察者而非参与者时,他们很难追踪相关的视点并记住每个角色知道或相信的事。实际上,他们不仅要追踪自己的视点,甚至还要追踪两个或两个以上的他人视点,比如角色A藏了某物,随后角色B把此物搬到一个新地点。在这种视点任务中,儿童需要回答角色A认为物品在哪里(即角色A在事件中的视点),并比较角色B认为的物品位置(角色B的视点)。

这些任务中的观察者需要处理极为繁重的记忆信息,因为他们要追踪三个不同的视点:他们自己作为观察者的视点,加上角色A和B的视点,以及与事物地点转移相关的时间过程顺序。与预期相符的是,到实验表演的最后,4岁的孩子无法持续追踪每个角色知道的事。(成人在这方面做得也并不出色。)但当这种任务被简化后,例如让孩子每次只追踪一个角色的视点,并简单地问他们"角色A接下来会做什么?"(而不是"角色A会在哪里找物品X?"),很多3岁半的孩子会引导角色A看向相关的地点,这种表现说明他们可以正确地判断角色A关于目标物体所处的位置。

2岁的孩子可以并确实在追踪他人认为或相信的信息。例如,要求儿童把一件物品藏起来让父母找不到,随后问他们:父母知不知道这个物品在哪里。他们能正确地回答:父母不知道。成为动作的参与者明显有助于他们追踪视点。

虽然追踪多个视点很困难,但儿童可以在自己的视点之上,持续关注他人的想法。上述视点追踪任务已经证明了这一点。除此以外,儿童还会在特定的语境中关注受话人已知和未知的信息并据此设计他们的话语,也同样证明了这一点。视点追踪也是扮演游戏中必不可少的一环,儿童时刻都清楚自己在哪里。儿童很小就开始用语言在谈话中区别"假扮"和"现实"(见第 7 章)。游戏本身要求儿童进行持续的视点转换。总的来说,在现实世界,儿童关注他们身边正在发生的事情;在游戏中,他们假扮特定的角色(每个角色有自己的视点)并在虚拟世界中行事,比如下例中两个 3 岁的孩子:

> A. Pretend this was my car.
> B. No!
> A. Pretend this was our car.
> B. All right.
> A. Can I drive your car?
> B. Yes, okay. <smiles and moves away; A turns wheel and makes driving noises>

游戏不仅能让孩子练习如何使用语言,还会帮助他们练习选取和追踪不同的视点。

扮声、角色和身份

当儿童在扮演游戏中为不同的角色配音时,他们也需要考虑视点因素。在角色转换的过程中,他们必须清楚角色之间的区别以及他们指派给每个角色的特征,例如在特定情景下他们以孩子、父亲、老师或者医生的口吻说话。儿童学会通过选择适合每个角色的语言来表现不同的角色(每个角色有不同的视点)。他们通过改变音高区别所需的声音(儿童的声音高,而成年男性的声音相对低沉),并根据说话人的角色来选择词语和受话人的称谓。他们也为每个角色选择合适的话语类型。儿童对不同角色的接触和对这些角色观察的经历,影响了他们如何为不同的角色扮声。

到了 4~5 岁的时候,儿童也开始建构自己的身份。例如,有时候一个孩子会使用两种身份的声音,演绎可能的场景和互动。在这个过程中,孩子会思考如何表现自己、如何行动或者在特定的场景应该说什么。他们通过这些方式定义自己的社会角色。对社会角色的思考,一般是儿童之间协商或争吵的重心,例如下面这两个 6 岁男孩之间的争吵,我们称他们为 A 和 B[①]:

> A: Give me that ball, you little …
> B: No.
> A: Give me that ball. <grabs ball>
> B: You give me that ball back.
> A: No.
> B: You give me it. Give me that ball. <grabs ball>
> A: Give it.
> B: No.
> A: Yes, I got it first.
> B: I got the ball.
> A: Give me it.
> B: No, I got it.
> A: Yes.
> B: No.

然而,有一些争吵发生在很私下的场合,比方说,一个孩子会

---

① 这里读者可能会有这样的疑问:例中两个男孩争吵的话语和社会角色是什么关系?我们的看法是,儿童在这种争吵中尝试使用不同的话语和动作,以此学习自己在一个社交活动中应该采取什么样的角色。比如,A 一开始要称呼 B 为 *you little* … ,但是可能想到不符合两人之间的相对角色,于是 A 欲言又止。包括后面,他们同龄人之间可以用很多祈使句,还有直接抓球的动作,也是他们在通过言语和行为来定位,他们可以和同龄人说什么做什么,但是不可以和大人说什么做什么。所以,该例说明的是儿童在互动中使用的语言和行为如何帮助他们确定自己和对话人的相对社会角色。同时,他们作为同龄人,在社会中的角色可能大致相同,儿童可以像照镜子一样从对方身上进一步观察自己合适的社会角色。所以,他们的对话的内容和方式几乎是相同的。——译者注

同时扮演争吵的双方。有一项针对一个 4 岁儿童的研究发现,这个孩子和自己说话的时长每次可以达到 5 到 10 分钟。她会在各种场景中扮演两种不同的角色声音,例如对物体占有的争执、对某物好与坏的关心以及在理顺她自己社交世界的过程中加入另一个同龄人的声音。孩子对社会身份认知的摸索,是他们学习如何向他人展现自己和运用语言建构自己社会身份过程中不可缺少的一环。

上述研究中,这个孩子表达的对话中包括了确认与否定、威胁与冒犯以及和解与互惠。其中,每一个话轮可能是某次争吵中的一次进展,并且每个话轮通过音高和音质来区分不同的角色声音。这些争执的内容逐步升级,并最终以道德判断的形式结束。这些争吵反映了孩子在学龄前与同龄人互动的样貌,例如下文对话中(一个 4 岁 3 个月的孩子产出两个角色的对话),一阵相互喜爱的表达被厌恶取代,最后重归于好:

> Voice 1:Do you like me?
> Voice 2:Yes.
> Voice 1:OK then I like you.
> Voice 2:Heh-heh. OK. Um,you know what I will do to you? Kill you.
> Voice 1:Well then,*I* don't like *you*.
> Voice 2:Then *I* don't like *you*. I will kill you.
> Voice 1:Ohhh. I like you.
> Voice 2:Then I like you. I won't kill you.

其他想象出来的对话,中心内容是在协商中达成共识、实现互惠以及达成和解。有时,孩子会用第三人称的角色声音,假装另外两个人在谈论她,随后再回到第一人称向他人展示自己,如下例中使用 *I*:

> *Voice A*: She doesn't know all those things. She doesn't know anything.
> *Voice B*: You're wrong. She doesn't know anything and *you* don't know anything.
> *Voice A/as self*: I know lots. I know *some* things. Mama knows lots of things. Papa doesn't know any.

儿童也会模拟尚未成功解决的事件,他们会用一个声音表示他自己,用另一个声音表示解决某事的指导者,如下面虚拟的对话①:

> *Child/voice A*: Breaked.
> *Guide/voice B*: But, if you do it *slowly* [drawn out] it won't break,
> but *if you do it that way it will break*.
> *Child/voice A*: I'mna do it slowly and it won't break. I'mna try. (sequence repeated several times, then): Did it fast, *then it breaked*. *Pretty* fast anyway. Did it *pretty fast*.
> *Guide/voice B*: Not at all fast. Not *at all* fast. Sorry, but not at all fast.
> Not at all, not at all fast. Sor-ry. *Not*.
> *Child/voice A*: I am really sorry, really, really sorry. But just can't.

---

① 语料中"breaked"实为儿童在尚未完全掌握过去时动词形态变化阶段,使用添加词尾的方式表达成人形式的过去时分词 *broken*。——译者注

出现这些与同龄人进行的虚拟对话,是因为儿童意识到他们必须学会在托儿所和幼儿园中如何与其他孩子相处。当他们一起玩耍或学习时,孩子必须学会如何与他人合作、劝说他人以及如何与他人协商。这些扮演给自己和他人看的虚拟对话,在儿童的社会自我认知建构中发挥了重要作用,因为此时他们开始与同龄人有更加频繁的日常接触。

同龄人的影响也体现为特定的语音特征和词汇特征。例如,上了一年的学前班后,4岁和5岁孩子的语言使用趋于同化。这种同化与老师言语的影响或者儿童对当地其他语言使用规则的了解没有任何关系。事实上,儿童相互间的言语互动越多,他们的言语就越相似。

讲述故事

在他们的扮演游戏中,儿童经常讲述蓝精灵或者玩偶正在做的事情,为正在发生的动作行为编故事并时不时为一个或多个玩具扮声。在这些早期故事中,儿童会使用一些并不出现在日常自发言语中的词语,以此表明他们在谈论故事中的世界,例如 meanwhile"与此同时"、instantly"马上"和 once upon a time"很久以前"。这些表达是父母或其他成人给他们所讲的故事中听到的词语,儿童也因此认定这些表达是适合用在叙事中的。

在没有任何辅助的情况下(没有图片,没有玩具),儿童讲述的最早一批故事一般是非常简短的。他们讲述故事的顺序一般是一句话语加上一个结尾:The mouse runned[①] upstairs. The end."那只老鼠跑上楼了。故事结束。"在一项研究中,学者调查了3~5岁

[①] 同上文"breaked"与"broken"的对立类似,此处"runned"的成人过去时动词形式应为 ran。——译者注

的孩子在和父母对话过程中讲述的故事。他们发现故事的长度随着年龄的增长而变长(故事的平均长度从1.7个小句增长至2.8个小句),并且更长的故事会在更多的话轮中讲述出来。多数故事是非常个人化的,故事情节基于最近参与或观察到的事件。然而,这些故事只有很简略的引导介绍,例如偶尔单独使用 once,有时仅通过转换话题来标记故事结尾。更引人注意的是,这些早期故事使用了最基本的视点对比,将现实世界与故事世界对立起来。

但是,如果有一本纯图片的书作为辅助,我们就有可能追踪调查儿童在3~9岁过程中讲述随图故事的变化,并将他们的叙事与成人的进行比较。这样的实验程序也能用来比较跨语言的故事叙述技巧。我们不仅可以从宏观的角度研究整体故事结构,也能从微观的角度研究儿童叙事中使用的小句类型和小句组合。此处以基于年龄变化的微观差异为例,不同年龄的儿童会在叙事的过程中选择合适的动词,并将这些动词与叙事中相应的视点和概念视角匹配起来。

比如说,当儿童看着图画书时,他们必须将图片所示的事件划分成他们能够描述的分段情节。3岁的时候,儿童倾向于把每一页故事看作是自足的,并只会把需要描述的内容列举出来。到了5岁的时候,他们会把图片按顺序联系起来,也会把每页图片当作故事中完整情节的一部分。让我们对比一下一个3岁儿童和一个5岁儿童分别叙述的 *Frog, Where are you?* "青蛙,你在哪里?"的第一段情节(主要内容是一个小男孩的宠物青蛙从罐子里逃出来跑走了)。在此例中,他们各自叙述了男孩睡着时青蛙逃走的过程:

> Child aged 3: *they're looking at it. and there's a frog. he's looking at the jar. cause his frog's not there* (whispering). *getting out.*

> Child aged 5: well—there was a little boy. he liked—his pet frog and his pet dog—very much. he thinks they—they—he—the pets think—that—his—the little boy was proud of them. And then—he was sleeping—one night—and when he woke up—then—then—the frog—then the—then the frog—um got out of his bowl—and he went somewhere else—

3岁的孩子直接开始描述男孩发现青蛙逃跑的图片,此图中男孩和他的狗看着空空的罐子,随后他才回到青蛙爬出罐子的情节,但是这样叙述的事件顺序并不清晰。5岁孩子的叙述更加连贯统一。他区分了持续的状态(*sleeping*"睡着")和故事主线中表示时间节点的事件(*woke up*"醒来了"、*got out*"出去了"和*went*"走了"),还介绍了每一个角色(*a little boy*"一个小男孩"、*his pet frog*"他的宠物青蛙"),随后继续用有定指称形式表示主要角色(*the little boy*)并在后续提及时主要使用人称代词(*he*)来指称。

作为故事叙述者,儿童必须为每个动词选择合适的形式,这样他们才能为故事的每个情节提供一个连贯完整的描述。例如,他们可以把一个事件描述为正在进行的(*The bees were flying*"蜜蜂正在飞")或者已经完成的(*The owl flew out*"猫头鹰飞走了")。他们也可以将主角描述为施事(*The boy looked for the frog*"男孩寻找了青蛙")或者受影响的事物(*The dog was caught*"狗被抓住了")。叙述者追踪方位的变化并通过位移动词和方位表达来体现这种变化。他们利用动词的体标记(如果有的话)表明事件的开始和结束。例如从*lost*"丢失"变为*found*"失而复得"的状态变化,他们通过选择动词的及物性(及物动词 *the boy lost his frog*"男孩丢失了他的青蛙"对比不及物动词 *the frog ran away*"青蛙逃跑了")

和语态(主动态 *the owl flew out*"猫头鹰飞走了"或被动态 *the toy was hidden*"玩具被藏起来了")来表达这种状态变化。儿童最终都会习得这些语法范畴,但是最开始他们使用这些语法范畴的能力非常有限。我们还要考虑语言习得中的另一个因素:所习得语言的语法会导致描述同一事件的跨语言差异性。

随着儿童长大,他们可以跨情节地追踪角色,并引入关于人物角色目前心理状态的信息(例如 *liked*"喜欢"、*was proud of*"感到骄傲"),用来解释动作和事件的动机。他们会区分背景信息(background information:*while he was sleeping*"当他睡觉的时候")和前景事件(foreground events:*the frog ran away*"青蛙逃跑了"),并用过去时动词标记构成故事主线的事件。他们也会一开始就把整个故事框定起来,再随着故事的发展描述故事的高潮和结局。在此过程中,他们在小句层级将描述变得丰富。同时,随着更多修辞手段的掌握,他们也会在小句中使用更多可用的语言方式来叙事。在宏观层面,儿童在叙事中对事件顺序的总体框架设计体现了他们对叙事有了更多的计划安排。

每种语言都有不同的方式实现上述目标。有些语言广泛使用动词标记来表明一个事件的"样貌",例如用起始体(inceptive)标记事件的开始(*he began to run*"他开始跑步"),持续体(durative)表示正在进行的可持续事件(*he was running*"他正在跑"),反复体(iterative)表示重复的动作(*he tapped on the window*"他敲了敲窗户"),完成体(completive)表示现已过去的事件(*the book fell on the floor*"书掉在了地板上")。有些语言用动词的重复表示一个持续的动作(*it runs and runs and runs*"它一直跑一直跑一直跑"),其他缺乏体标记的语言通过时态标记与时间表达结合的方式来描述动作的起始、完成或持续(*they began to run*"他们开始跑步";*they arrived later*"他们随后到达了";*he walked for an hour*"他走了一个小时")。

在如何呈现位移、方式和空间方位上，不同的语言也展示出多样性。一些语言将位移和方式组合到一个动词中，如英语和德语（*stroll*"漫步"、*meander*"闲逛"、*run*"跑"和 *gallop*"飞奔"）；而另外一些语言将位移和方向组合到动词中，如法语和意大利语（法语 *entrer*"go in '走进'"、*monter*"go up '走上去'"、*partir*"go away '走远'"）。有的语言通过人称代词在一个故事的多个情节中追踪主角；另外一些缺乏人称代词的语言，如果要实现对当前谈论人物的追踪，只能依靠受话人记忆中已经处于共同背景中的信息。

总的来说，随着年龄的增长和经历的积累，儿童成为更加高阶的说话人。当他们选择概念视角用于指称特定的实体和事件、选取不同的视点、在一系列情节和动作中追踪特定的角色从而从头到尾连贯地描述一个故事时，他们都能更为灵活自由地进行指称。学习如何讲一个好故事需要数年的时间，即使对于 9 岁的孩子来说，要想出色地讲一个故事，他们也还有很多路要走。

传达指令

传达指令也需要技巧。4 岁的时候，孩子提供的简单指令能说明如何用玩具来进行游戏，或者如何将玩具组合在一起来做游戏。下文的指令来自 4 岁的 JK，他说明了如何用一个带有卸载站的车库和三辆装着弹球的卡车组成一个游戏场景：

> *JK* (to mother, explaining about dumping station): *you put it in here.*
> <question from mother> *and then push it all the way in, and then you get marbles out here. you'll need gas. It (=truck) only has enough gas to go to the gas station. it backed in here. that's good.*

> <question from Experimenter> you have to make it go back up here. then you pick it (= marble) up and it goes back in.

但是，当4岁的JK对2岁的Sara下指令时，指令的内容听起来不一样了：

> JK (telling 2-year-old about dumping station): I gave you it. you want to do something funny? put the marbles in here. put the marbles in here. I'll give you the marbles. now pour them in here. go up here. and pour them in here. now we have to dump it. dump it. no, not in here. pour it in here. pour it in here, okay? that's funny. no, not like that. I'll do it. see, Sara?

4岁的孩子会根据受话人调整他们的指令：对成人使用总体上更长的话语，而对2岁的小孩则用更短的话语并会重复说。他们喜欢用 Hey 这类形式吸引成人，让人注意他们接下来要说的内容。而当他们和2岁的孩子在一起时，则会使用 Look, See "看"这样的词语，并且会叫小孩的名字。他们也会对幼儿说更多的祈使句，以此告诉他们要做什么，而不是描述一个人可以用玩具来做什么。

相比用于说明如何玩带有卸载站的玩具游戏的指令，在城镇地图上为跟随路径而提供导航的指令就显得更加复杂了。在一项研究中，实验人员想要探究成对的儿童能否通过路线指令进行有效的沟通。他们将两份相同且对称的地图分别放在两个孩子面前，然后要求他们轮流为对方的玩具车进行导航。游戏的最终目的是让玩具车成功穿过地图上的城镇。参与实验的儿童可以看见对方（也能看见对方的手势），但是被一个矮板隔开，这样他们就无法看到对方的地图或者玩具车的具体方位。在地图上为一条特定的路线提供导航指令对于指令发起者是非常具有挑战性的,因为说话人需要同时关注他自己和受话人的视点,与此同时,他还要密切关注像 *right*"右"、*left*"左"、*in front of*"在……前面"以及 *behind*"在……后面"这类方向词的使用,以及对路线途中特定地标的描述,比如特定的房屋(通过颜色和窗户的数量进行区分)和桥梁。

连 11 岁的儿童也不能较好地完成这类任务:他们在分辨 *left* 和 *right* 时遇到的困难来自难以分清到底应该使用自己的视点还是受话人的视点。他们也会忘记地图上有两座桥、两栋有两扇窗户的绿房子等,并因此无法将自己的指令清晰地表达。同时,受话人也会不假思索地默认自己已经明白了导航指令,即使事实上他们并未理解。对于儿童(以及成人)来说,运用语言追踪城镇地图上玩具车的方位是一项极为艰难的任务。到了 14 岁时,儿童不仅能更清晰地在他们的指令中表明相关的视点,还能更好地听从其他孩子的指令。关于此,成人总是比孩子做得更好。

小结

视角的选取会在多个层级发挥作用。从局部到更复杂的层级,这会影响对话中的词语选取(比较 *dog*"狗"和 *pet*"宠物"),以及在叙事中叙述人如何规划开头和每段情节中应该描述的视角。当儿童扮演一个小孩、一位父亲、一名医生或者一位老师时,视角就体现在与每个特定社会角色相匹配的语言形式中。他们必须为每个社会角色选择合适的词语和言语形式。有时我们会听到儿童在进行一些虚拟想象的对话,这在某种程度上反映了他们对自己在某个社会环境中个人角色的思考,例如在幼儿园中的社交角色。这需要对视角有一个略显不同的认识,因为儿童在虚拟的互动交谈中要一个人呈现两种不同的声音。在这种互动交谈中，两种声音之间的协商和争辩会涉及他们逐渐形成的社会身份的不同方面。

在故事中，受话人可以通过指称表达的词语选择（比较 *the kitten*"那只小猫"和 *that animal*"那个动物"）来对说话人的视角进行判断。同时，说话人对语法结构的选择也可以说明他所关注的是受某个动作影响的物体，如 *The ball rolled across the path*"球滚着横穿了小路"，还是作为相关动作来源的施事主体，如 *The boy rolled the ball across the path*"男孩踢着球横穿了小路"。故事可以基于单个视点进行描述（基于某个角色的视点，通常是主角），也可以随着动作行为在角色间的转换从多个视点进行描述。在儿童成长为更接近成人语言使用者的过程中，视角、视点和角色扮声都发挥了重要的作用。

第 9 章

一次学习多种语言

许多儿童从小就面临着学习不止一种而是两种或更多语言的问题。对这些孩子而言,涉及的语言习得问题更为复杂,因为他们在试图学习语言的时候必须同时追踪两个不同的语言系统。他们会听到两种截然不同的语音系统,一旦开始分辨出每种声音属于哪一种语言系统,以及哪些声音序列构成了潜在的词语,他们就需要将意义匹配映射为词汇形式,就像他们学习单一语言时那样。多语儿童还必须找出在他们接触到的两种语言之中哪些词(或多或少)有对应关系。当他们开始组词用以产出更长的话语时,还必须注意不同语言的语法结构中存在(或不存在)哪些对等关系。

一开始就接触两种语言系统

接触两种语言的儿童,从出生或从他们头几年的某个时间点开始,就接触到了两种语音系统。这两种语音系统在许多方面可能相当接近,如荷兰语、英语和德语,或者它们可能非常不同,如法语与英语或日语。对于每一种语言,儿童需要区分可能的声音和声音序列,这样他们不仅可以利用每种语言特有的语音模式来识别可能的词语,还可以用来区分两种不同的语言。在这方面,不同语言词语的语音模式(比如,英语是一个词语一个主要重音,而法语是一个词语每个音节有相等的重音)和说话人使用的语调曲拱类型常常对儿童辨识不同的语音系统或不同的语言有所帮助。

在习得的早期,习得两种语言的儿童似乎经历了与所观察到的单语儿童相似的语言产出阶段。他们早期对词语的尝试往往是由一个辅音和元音构成的单音节词语,这些音节通常与预期目标没有多少相似之处。在这个早期阶段,通常也很难判断孩子是在尝试说哪一种语言。直到孩子能够更好地产出和大人相近的单词,大人才会清楚孩子的目标是什么,以及这些词是从哪种语言中来的。

两套词汇系统:早期的成对词

在儿童习得两种语言时,他们应对这两种语言的方法之一是看他们所知道的两种语言中的成对词,就是对等或近似对等的语言表达形式。比如,一个1岁的孩子可能会分别从英语和法语的几个词语开始,并且这些词语的意思没有一个是重复的。但是,在此基础上一旦孩子积累到了大约50个词语,他们就会增加更多的两个语言之间的成对词,为此有时他们甚至会直接向大人寻求对应词的说法。实际上,一旦孩子意识到他们面对的是两种语言体系,并且词汇意义的对立只适用于每个语言系统内部,那么他们就开始增加成对词,他们确实也这样做了。这里以一个叫Caitlin的小女孩为例,她从出生开始就同时习得荷兰语和英语。到2岁时,她能说373个荷兰语词汇、388个英语词汇。这其中有299个是两种语言之间的成对词。她的这些荷兰语词汇中有80%对应于英语,而她的这些英语词汇中有77%对应于荷兰语。这个比例在2岁左右的双语儿童中是很典型的。

然而,随着儿童对每种语言了解的增多,许多早期成对词的情况会变得更加复杂:一种语言某语义场中只有相对较少的词语在另一种语言中有完全对等的翻译。相关语义场的某部分词在一种语言中可以划分为两个词语来表达,而在另一种语言中只需要一个词语。如下表所示,在法语和荷兰语中,表达"碟子""盘子"和"碗"这样的概念具有更加直接的双语对应关系,而表达"瓶子"和"葡萄"或"葡萄干"的词语之间的对应关系就要更为复杂一些(实际情况可能比下面列举的还要复杂):

法语	释义	荷兰语	释义
biberon	婴儿的奶瓶	**fles**	瓶子
bouteille	瓶子		
raisin	葡萄;葡萄干	**druif**	葡萄
		rozijn	葡萄干
plat	碟子;盘子	**schaal**	碟子
assiette	盘子	**bord**	盘子
bol	碗	**kom**	碗

简而言之,对儿童习得的每一种语言来说,当孩子掌握越来越多的词汇时,他们就必须了解每种语言的语义场是如何构成的。比如,该语言中是否包含了表达不同种类瓶子或不同种类椅子的词汇,像法语的 *chaise* "椅子"和 *fauteuil* "扶手椅";或者是否有不同的词汇表达不同状态的葡萄,像荷兰语的 *druif* "葡萄"和 *rozijn* "葡萄干"。儿童必须为他们正在学习的每种语言建立一个词汇表,并且这样做的同时还要关注周围的大人是如何使用这些词汇的。尽管关于儿童如何同时在两种语言中建立词汇语义场的研究很少,但假如儿童获得了关于新词汇的相似信息,以及在相关语言中这些新词信息是如何与他们已知的词语相联系的,那么在学习构建语义场方面他们应该和只接触一种语言的孩子走同样的路。

的确,当双语孩子在学习一个语义场中的上位概念词语时,他们会同时被鼓励去学习这两种语言中相关的下位概念的成对词。例如下面这位名叫 Anouk 的法语与荷兰语双语儿童与说法语的母亲之间的对话:

Mother：ça c'est un fruit.	'that, that's a fruit'
Anouk（2;3.13）：**aabei**.	'strawberry'（in Dutch）
Mother：**aabei**, comment tu dis en français?	'strawberry, what do you say in French?'
Anouk：(no response)	
Mother：Non, comment tu dis en français **aardbeien**? Comment je dis moi?	'No, how do you say *strawberries* in French? What do I say?'
Anouk：*faise*.	'strawberry'（in French）
Mother：fraise oui.	'strawberry yes'

这里要注意的是,上面对话中母亲提供了两种语言中表达同一概念("草莓")的两个规约词汇形式,荷兰语中"草莓"的复数 *aardbeien*(孩子的尝试为 *aabei*)和法语中"草莓"的单数 *fraise*(孩子的尝试为 *faise*),并且还提供了如何在这两种语言中说这两个词语的反馈。

词汇规模

研究人员通过使用《MacArthur 沟通发展量表》(the MacArthur Communicative Development Inventory,简称 CDI)这一调查问卷,为学说话的孩子头两年词汇量的测量建立了广泛的标准。家长可以通过量表上提供的词汇或语言表达形式，来对照自己孩子的语言发展情况，从而对孩子能理解和产出哪些词语做出早期的评估。这里的一个问题是，接触两种语言的儿童是否从一开始就和单语儿童学习同样数量的词语，只是双语儿童学会的词语分布在两种语言之中。换句话说，与单语孩子相比，这些双语孩子在每种语言中只会说一半数量的词语。但是一项有关荷兰语/法语双语儿童和荷兰语单语儿童的对比研究显示，双语儿童产出荷兰语的词汇量实际上与荷兰语单语儿童的词汇量处于相同的范围。比较单语荷兰语和双语中荷兰语的词汇量范围以及在双语样本中两种语言共同词汇量的范围：

词汇产出量	13个月	20个月
单语:荷兰语	1～71	19～531
双语:仅荷兰语	0～68	4～642
双语:荷兰语+法语	0～82	14～1234

当然，随着孩子年龄的增长，他们所掌握的每种语言的词汇量可能会在不同领域以不同的方式得到扩大。例如，对于同时习得法语和英语的孩子来说，如果学校使用的语言是法语，他们将会学习用法语谈论历史事件、地理特征、数学运算和生物现象，但对如何用英语谈论这些领域却掌握得相当粗略。任何使用一种以上语言的人都是如此：在某些活动领域中使用一种语言多于另一种语言，并且对于特定活动的语言使用往往会因语言而专门化。在家庭环境和工作环境中所选择使用的语言是不同的，就跟在航海和园艺、观鸟和滑冰这些不同活动中使用不同的语言一样。

早期的词语组合和语言混合

双语儿童早期产出的大部分词语组合都是来自其中的一种语

言,其功能与单语儿童早期产出的词语组合相似。他们使用词语组合来评论事件活动、识别物体的所有者、指出事物的特征或属性、提出请求和拒绝它们等。双语儿童的第一批词语组合出现的时间段和单语儿童的相似,都是从 1 岁 3 个月到 1 岁 11 个月之间开始,而且双语儿童的词语组合在两种语言中都有出现,比如下面例子中名叫 Manuela 的双语儿童在西班牙语和英语中都产出了两个单词的组合结构。当然,双语儿童的第一批词语组合在每种语言中的广度取决于他们的词汇量。这里需要注意的是,他们早期的大部分单词组合通常一次只使用一种语言。

葡萄牙语	
(a) *Karin* (1;10):*mama peix*.	'mummy (is drawing a) fish'
(b) *Mikael* (1;5): *roupa papa*.	'clothes papa' (as laundry was sorted)
(c) *Mikael* (1;10): *cabelo amarelo*.	'hair yellow' (discussing hair colours in family photos)
西班牙语	
(d) *Manuela* (1;7): *no cama*.	'no bed' (not wanting to go to bed)
英语	
(e) *Manuela* (1;7): *mummy off*.	(wanting her mother to take the mother's coat off)

虽然习得一种以上语言的孩子开始组合词语的年龄范围与只接触一种语言的孩子相同,但他们偶尔会将两种语言的词语混合组合。这可能是因为他们不认识相关的词语,所以从另一种语言中"借用",或者是因为他们从一种语言中检索相关词语的速度比从另一种语言中更快。(有时候,一种语言中的某个词语可能更容易发音,比如,一个 1 岁大的英语/西班牙语双语小孩从未尝试说过词语末尾带有辅音丛/-lk/这样的英语单词 *milk* "牛奶",而是用英语的 *bottle* "奶瓶"代替,但这个小孩却愿意用西班牙语表示"牛

奶"的词语 *leche*。)

早期的词语组合的混合：挪威语和英语		
Tomas（2;0）：	**der va** hens	'there were hens'
Tomas（2;3）：	**jeg har masse** toys	'I have lots of toys'
	og jeg er boy	'and I am (a) boy'
Siri（2;1）：	**må** leave	'must leave'
Siri（2;2）：	**mer** paper	'more paper'
	mer milk	'more milk'
	have **mer**	'have more'
	jeg down	'I down'
Siri（2;5）：	**den** cast on	'that cast on'
	nei kan do it	'no I can do it'
	kan do it **jeg**	'can do it I'
Siri（2;7）：	**jeg kan ikke** do that	'I can not do that'

多语儿童的语言混合，无论是早期的还是后来的词语组合，在某种程度上似乎都表现为将一种语言的功能词或语法语素与另一种语言的名词和动词组合在一起使用。例如，一个习得挪威语和英语的双语儿童，在 2 岁 1 个月到 2 岁 2 个月时，她的词语混合表现在依赖挪威语的代词（*jeg* = I"我"）、否定词（*ikke* = not"不、没"）、情态动词（*må* = must"必须"；*kan* = can"能"）以及量化词（*mer* = more"更多"）与英语中的名词和动词连用。

据研究报道，同时习得两种其他语言的儿童也有类似的语言混合使用的现象，都是倾向于利用一种语言中的代词和其他语法要素与另一种语言中的实词（主要是名词和动词）混合使用。例如：①

---

① 下表例句中加粗的词语来自语言栏中斜杠后的语言。——译者注

早期的词语组合中的更多语言混合		
法语/英语—	Tiffany (2;5): **I wan** pas **chair**	'I don't want (a) chair'
	Gene (2;7): **I** pousse là	'I push there'
	Gene (3;1): **I** peux pas **wash the** cou me!	'I can't wash my neck'
	Will (3;3): moi **do this** moi.	'Me do this, me'
法语/德语—	Iv (2;8): **du**, **du** aimes ça la soupe?	'you, you like that the soup?'
	A (3;3): Sonja a—je **schenk** ça	'Sonja has—I give this'
德语/意大利语—	Lisa (2;10): jetzt **faccio ein** fisch	'now I'm doing a fish'
	Lisa (3;9): Lisa hat ge**balla**	'Lisa has danced'

双语儿童在语言习得过程中所呈现的这些早期语言混合的例子与双语成人说话中经常出现的语码转换现象有相似之处。双语成人说话时，常常在说到一半的时候从一种语言切换到另一种语言。但是成人交际时语码转换的使用，在于说话人对不同语言社团的熟悉性，还在于他们个人的交际意愿，比如，希望使用在一种文化中盛行的电影、书中人物和一些文化现象的原始名称，然后从该文化再传播到其他文化中去。语码转换的使用表明说话人在文化方面有较强的适应性和专业性。这在双语言语社团中很常见。当涉及儿童语言混合使用时，他们倾向于跟随成人的脚步，所做的语言转换数量通常与成年对话人所做的转换数量相当。例如，如果孩子的父亲在这方面做得比母亲少，那么孩子在语码转换上也会有言语差异，这取决于父母中的哪一位是孩子的对话者。

语言选择和受话人

儿童从一开始就很擅长为受话人选择"正确的"语言与他们交际互动。在某种程度上,这很可能是由成人的语言选择以及他们与孩子交谈时通常使用的语言所驱动的,可见,这是他们交际双方的共同背景。当然,如果与不熟悉的大人交谈,孩子也可以依靠他们在那个场合应该使用的语言线索来选择,如来自听到的语音和词汇线索。即使是 1 岁和 2 岁的孩子,在选择恰当的语言与对话者交谈时,其匹配程度也会持续达到或超过 85%,而且通常超过 90%。当然,两种语言之间的成对词在这里发挥了重要作用。总之,掌握可用的词汇可以让儿童更容易地选择正确的语言,而且在很小的时候就能表达交流自己的兴趣和愿望。

双语儿童针对受话人所做出的语言选择,其敏感性也体现在对语言选择的修补(repair)中。当受话人表现出不理解的迹象时,2 岁大的双语孩子就会转换使用他们的另一种语言。当父母要求孩子的时候,他们也会转换语言,比如他们的母亲或父亲经常会要求孩子"say it the way I say it(像我说的这样来说)"(即,用适当的语言)。孩子长大一些之后,当发现交谈者表现出对自己语言不理解的迹象时,他们经常会自发地用另一种语言重复自己所说的话,比如 Nic 小朋友在他 3 岁 4 个月大的时候,对一个大人说了含有英语词汇 boat 的句子:*N'est pas une boat*("It is not a **boat**'这不是船'"),大人表示不理解提出疑问 *Quoi*? ("what? '什么?'"),然后 Nic 在回应中改用法语:*Euh, c'est un bateau bateau*("uh, it's a boat boat'嗯,这是一只船'")。

用右边语言为受话人产出话语的百分比		
(a) 英语/拉脱维亚语	—Maija（1;3）	93%
	— （1;9）	85%
	（2;2）	96%
(b) 德语/意大利语	—Lukas（1;8）	90%
(c) 英语/德语	—Sofia（1;11.23）	95%
	— （2;4—2;6）	97%
	（2;7—2;9）	96%
(d) 芬兰语/法语	—Anouk（2;6）	88%

要注意的是，儿童在为家庭中的受话人选择使用正确的语言，这进一步证明了儿童了解他们面对的受话人知道（和不知道）什么。在这种情况下，儿童在选择使用语言时必须依赖于他与每个受话人已经建立的共同背景。当他们听到一个通常讲法语的人用荷兰语对客人说话时，他们有时会表示惊讶。这也表明，儿童将每种语言与特定的人联系在一起，并期望从他们认识的每个人那里听到同种特定的语言并用此语言交流。

增加复杂性

随着儿童的话语变得越来越长，它们也变得越来越复杂，儿童将更多小的语法要素与名词和动词结合在一起使用，这使得他们的交际意图在说话时能更加清晰地表达出来。当儿童尝试使用更复杂的话语时，他们可能利用一种语言（通常是优势语言）中的冠词、介词、否定词等，将这些语法要素与他们双语中较弱语言里的名词和动词结合起来使用。这有时被认为是一种干扰，但同样也可以被认为是一种补偿，因为双语儿童还未很好地掌握其中较弱语言的语法要素，所以就会依赖于已经建立的、较强语言中的语法要素来混合使用。

这可以从下面这对双语姐妹的混合话语中看到。她俩都是以产出法语为主，但也从母亲那里不断地接触英语。她们在美国待了两个月，这是她们第一次听到并且不得不与各种各样的以英语为母语的人交流。在这两个月中，她们的话语每隔一段时间就会被记录下来。在美国逗留两个月快结束时，年龄较小的 2 岁 5 个月的 Tiffany 在 24% 的时间里都在说混合话语（471 个话语中有 113 个是混合的），其中 80% 的混合话语中都含有法语的语法要素。她的姐姐，3 岁 8 个月的 Odessa 也说混合话语，但只有 11% 的时间是这样（360 个话语中 39 个是混合的），这些混合话语中有 92% 包含来自法语的语法要素。

更复杂话语的双语混合：法语/英语		
Tiffany (2;5):	coffee *à* mommy	'mommy's coffee'
	see *le* kitty	'see the kitty'
	pas mommy that shoe	'that's not mommy's shoe'
	ça mommy coffee	'that mommy's coffee'
	c'est cold	'it's cold'
Odessa (3;8):	what this *tu* got?	'what(s) this you got?'
	the sun is coming *dans* my eyes	'the sun is getting in my eyes'
	a daddy *avec* a child his shoulders	'a daddy with a child on his shoulders'
	take *la* spoon	'take the spoon'
	tu do what *avec le* table?	'you do what with the table?'
	mais I want Aunt Hannah not coming	'but I don't want Aunt Hannah to come'

其他研究人员也报告了类似的混合话语模式，都是依赖于使用优势语言的语法要素和语序。比如上表中 Odessa 最后一个话

语中 not 的位置。下面第一个表中的例子来自西班牙语和英语双语儿童 Mario。第二个表中的例子来自于一位英语和德语的双语儿童,他在使用德语时犯了一些语序错误,但这是受他另一种语言(英语)的影响。

更多混合的话语		
Mario (3;3):	muƒete	'Eng. move + Sp. -e + Sp. reflexive te = move!'
	I'm saking	'Sp. sacar "take out" = I'm taking (it) out'
	I no have hungwy	'Sp. no tengo hambre = I'm not hungry'
	Let's go play in da floor	'Sp. en = "in ~ on" = on the floor'
	I have too manys cars	'Sp. plural agreement with cars on many'

一位儿童习得英语和德语时呈现的一些语序问题
Child (2;7) Hund nicht kommt rein (for G. kommt nicht rein = 'dog doesn't come here')
Child (3;2) Ich möchte tragen dich (for G. dich tragen = 'I want to carry you')
Child (3;8) Ich sitzen noch hier (for G. Ich sitze hier noch = 'I'm still sitting here')

虽然这样的话语混合模式表明,当儿童开始更多地使用非优势语言时会借鉴他们的优势语言,但是几乎没有研究报告双语儿童何时开始使用更加复杂的话语,如添加关系小句来修饰所指称的信息表达,或者是谈论事件序列。儿童至少从 4 岁开始就能讲故事,不管是虚构的故事,还是对连环画中所发生的事情的复述。但是,就像单语儿童一样,双语儿童也需要花时间来掌握对讲故事有用的语言项目的选择,如指称故事主角的代词、追踪故事的事件

序列、将故事的背景信息与前景行为相关联等。当双语儿童学会用每种语言做更复杂的事情时，接触某种语言中有助于交际的语言选项是至关重要的。

双语和多语

从社会的角度来看，掌握双语有很多优势。首先，世界上很多地方都是双语或多语的，所以尽早学习一门以上的语言为跨文化交流提供了更多的选择。特别是，学会两种语言可以让儿童在两个（或更多）言语社区中扎根。这是保持不同代际联系的关键因素，并且这在移民群体中尤其重要，其父母或祖父母可能没有掌握他们所定居国家的语言。尽早学习两种或两种以上的语言可以让说话人保持与不同文化之间的联系。

更为重要的是，我们要认识到，双语者并不需要在两种不同的语言中拥有完全相等的语言技能水平，而是需要他们成为以特定方式熟练使用这两种语言的人。这可能意味着一种语言用于学校，另一种语言用于家庭；一种语言用于家人和当地朋友，另一种语言用于工作中的同事；或者，一种语言用于当地，像在家或工作时，另一种则用在离工作较远的方面，是远离当地的。语言使用的实际模式因社区和通用语言的数量而异。

小结

儿童在习得一种以上的语言时，从一开始就建立了两种系统。他们区分所习得的不同语言的语音和语音模式。在言谈交际中，大人提供给儿童并要求他们说不同语言中意义相等的词汇，借此孩子开始在他们的词汇学习中掌握不同语言的成对词。与只学一种语言的儿童相比，双语儿童经历了与单语儿童相似的学习阶段和年龄段。随着年龄的增长，双语儿童可能会偏爱使用其中一种语言，使其成为他们的优势语言，并首先依赖它作为提供语法要素的来源，如冠词、介词甚至是词尾（如英语的-ing，用在动词上表示"正在进行的行为"，或者是希伯来语的-im，用在名词上表达"多于一的数量"），将这些来自优势语言的语法要素用在另一种语言中。

就像学习单一语言的孩子一样，双语儿童也需要接触语言、练习语言，并得到语言反馈。他们接触每种语言的时间越长，每种语言的发展就越像这种语言的单语发展。但是学习一种以上语言的孩子在不同的环境下都是这样做的，他们的父母说不同的语言：有些孩子从父亲那里听到一种语言，从母亲那里听到另外一种语言。但是父母必须选择和对方说哪种语言，这最终可能会让孩子更多地接触一种正在习得的语言，从而打破双语的平衡。家庭语言可能与社区语言不同，因此学校可能会打破双语平衡从而偏离家庭语言等。因此，在评估学习一种语言和多种语言的环境相似性和差异性时，所有这些因素都需要加以考虑。

第 10 章

语言习得过程

儿童如何学习语言的形式——语音、词语、屈折变化、词的结构、词汇系统和句法结构——以及如何使用这些形式？儿童如何将形式和意义联系起来？也就是说，儿童如何将语言形式映射到意义？初始意义赋值的基础又是什么？当儿童在记忆中建立形式的意义时，他们利用了什么资源？当首次接触一个新词时，他们能理解领会多少该词的规约意义？儿童如何给一个已经赋予初始意义的词汇形式增加新的意义？这些关于语言形式－意义映射的问题是语言习得过程中的核心所在。在开始学习使用语言之前，儿童必须解决形式/意义之间联系的问题。

当一个 1 岁的孩子正在观看一只宠物兔吃生菜的时候，听到大人说 Look at the bunny "看那小兔子"，会发生什么事呢？此时，孩子已经注意到兔子了，与此同时大人用词语 Look "看！"来强调注意力。然后，大人给他们共同关注的焦点对象贴上名称标签，使用一个指称表达：the bunny "小兔子"。这里的映射是基于共同关注的，是孩子在这个场景中所接收到的对兔子的整体认知，比如动物体形的、毛茸茸的、长耳朵、四条腿、眼睛在头两侧的等。之后，他们可能会在这些特征之外再加上一些关于运动特点、可能的颜色范围、食物、兔子通常的大小等信息。这些信息会储存在孩子的记忆中,并与 *bunny* 这个词语联系起来(稍后也会与近义词 *rabbit* "兔子"相关联)。这样,孩子就可利用当前存储的有关这个新词的形—义映射,来解释其他说话人随后对该词的使用。

为了理解说话人在说什么,孩子需要接收那位说话人发出的一连串声音,把它分割成可识别的词语,并在记忆中查找这些词语。这使他们能够根据词语的组合、语序和语调曲拱(例如,识别该话语是疑问或断言的语调),以及大人话语产出的物理环境来得出该话语的某些含义。他们要判断,这句话是作为言谈会话的一部分而产出的吗?它是回应一个已经存在的话题还是开启了一个新的话题?这个话语需要孩子的回应吗?

试想一位大人问一个 1 岁 6 个月大的孩子说:*Where are your sandals?* "你的拖鞋在哪里?"。这个孩子对 *sandal* "拖鞋"这个词很熟悉,并且已经表现出对该词的理解。大人问话中开头的词语 *where* "哪里",也是儿童熟知的被认为是用于寻找某物的提示词。那么,孩子一听到这两个词,就会四处寻找他的拖鞋。这里,孩子利用了自己对 *sandal* 这个词的形式/意义的记忆和寻找东西的线索词(即大人使用的词语 *where*)来理解大人的话语。为了回答这个问题,孩子必须确定拖鞋的位置,可以通过用手指,或边用手指边说 *there* "那里",或者口头直接说出拖鞋的位置,例如 *in the box* "在盒子里"。由此可知,从计划回答一个问题到给出答案需要以下步骤:

(a)从答案的想法开始。
(b)从记忆中检索提取任何相关的词语。
(c)将名词和动词放在所选结构的适当位置之中。
(d)在名词和动词后面加上必要的屈折变化和语法语素。
(e)利用恰当的时机尽快接续下一话轮执行话语。

要回答一个问题,孩子首先必须理解该问题。事实上,当他们积累了更多关于语言的形式和意义的信息时,必须依靠用于理解和产出语言的各种技能。儿童必须慢慢掌握一套语言技能,使他们能够分析言语流,追踪重复使用的语言序列或语块,这些语言序列或语块是他们熟悉并已赋予意义的,而且他们还依靠这些技能来检视自己的语言产出,并在需要的时候能做出恰当的修补(repair)。

语言习得过程

这每一种技能是以怎样的过程作为其发展基础的?第一,儿童必须能够将言语流**分析**(analyse)成他们已经赋予了一些意义的熟悉的语块。要做到这一点,他们需要熟悉语言的声音,并识别他们之前听到的语音序列,比如通常是一个词,但有时不止一个词。(在婴儿7~8个月大的时候,他们就能很好地将言语流分解成较短的、熟悉的声音序列,并且在学会将意义映射到形式之前,就能区分熟悉和不熟悉的语音序列。)随着儿童掌握更多的词语,他们分析言语流的能力使得他们能够识别越来越多的语言要素。

第二,儿童需要**追踪**(track)他们在听到的言语中所识别出的每个语言要素的复现情况。这样做是为了加强对特定词语和其他语言单位的记忆痕迹。这使得儿童能够在不熟悉的语言序列重现时追踪它们,判断它们是单词还是短语,并增加对它们如何使用进行的分析,包括它们复现语境的任何信息。更为有效的是,儿童似乎能追踪语言要素的出现频率,这也是成年说话人依旧敏感的。事实上,成年人对频率的判断已经被用来评估词汇中不同词语的"习得年龄",并追踪不同人群的习得年龄规范(age-of-acquisition norms)①。

第三，儿童必须随时**监测**（monitor）自己如何说出一段话。当说话人在言谈交际时，他们会监控自己的言语，以确保自己说出了想要说的话。当他们言语产出出错时，通常会立即进行自我纠正。即使是很小的孩子也会监控自己的话语，比如试图"修正"一个单词的发音，使其更容易被人识别。但是他们判定所产出的话语有问题的依据是什么呢？说话人似乎把存储在记忆中的所有语言单位表征作为他们的词语发音模板。这些语言表征使他们能够识别从别人那里听到的词语，同时也为他们自己产出词语提供模板。这很重要，因为如果要让别人理解自己的话语，儿童就必须说出能被人识别的词语。

第四，为了实现这一点，说话人必须处理自己产出的某个词语和在记忆中该词语模板之间的任何不匹配。当发现不匹配时，说话人需要**修补**自己的言语，从而与存储在记忆中的语言表征模板形式相匹配。修补自己的言语对小孩子来说不是一件容易的事情：他们通常缺乏必要的发音技能，就像 Brenda 尝试说词语 *fan* "电风扇"的例子（见第 7 章）。而且他们还可能要努力摆脱一些特定词语形式的根深蒂固的发音，比如名词复数的过度规则化（over-regularized），如 *mouses* 是与单数 *mouse* "老鼠"不相匹配的复数形式，正确的规约复数形式应是 *mice*；再比如动词的过去时形式 *comed*, *see-d*, *buyed* 和 *sitted* 都是与原动词不相匹配的错误形式，它们正确规约的过去时形式应该是 *came* "来"，*saw* "看见"，*bought* "买"和 *sat* "坐"（见第 5 章）。自启修补（self-initiated repair）在交际中很常见，即使是在非常年幼的儿童的语言中也会出现。但是从早期开始，儿童的话语就被他们的成年对话者通过他启修补

---

① 这里的"习得年龄规范"是说，不同的语言项目有相对规范的习得年龄，比如，英语儿童通常在多大年龄应该学会使用复数，多大年龄应该学会使用被动态等。——译者注

(other-initiated repair）做出回应，大人通常会选用以下形式：*What?*（什么？），*What did you say?*（你说什么？），*Umh?*（嗯？）或者 *Eh?*（啊？），*What was that?*（那是什么？），或者是通过回声问来部分重复儿童的话语来做回应，比如：*You're going where?*（你去哪儿？），*You saw what?*（你看见什么了？）。

儿童监测和修补自己话语的能力对他们在语言中及时做出有效**改变**（change）至关重要。儿童储存在记忆中的语言形式是基于他们对互动中听到的成人语言形式的感知的。他们在监测自己的言语时，会将自己的语言产出与从成年人那里听到的形式进行比较，并储存在记忆中。在这一过程中，当他们发现有错配时，会尝试改变自己的言语版本以达到更好的匹配。这种与言语社团中的规约形式相匹配的推动力，最终使孩子的话语能够被更准确、更迅速地理解，从而使他们使用语言交流的能力大大提高。请注意，通过与言语社团中成人的语言产出相匹配，孩子逐渐将自己的语言变得与周围的成人更相近（而非完全相同）。

遗漏类错误和委托类错误[①]

在对自己的言语做出有效改变时，儿童需要处理两种主要类型的错配。第一，许多错配涉及遗漏，即遗漏类错误（errors of omission）。这种情况是儿童忽略了成人语言中强制使用的语言要素，比如将 *two birds* "两只鸟"遗漏掉名词的复数形式说成 *two bird*，或者将 *I put the shoes there* "我把鞋放在那里"说成 *Me put shoe*[②]。常见的被遗漏的成分包括定冠词和不定冠词、代词、动词

---

① 就语言习得来说，遗漏类错误指应该产出的语言成分而未产出，遗漏导致的错误；委托类错误指产出了错误或不当的语言成分而导致的错误。——译者注

② 名词的复数形式、定冠词和副词遗漏掉了，而人称代词的误用属于委托类错误。——译者注

和名词的屈折词尾、介词以及助动词、情态动词、疑问词和连词。设法学会添加遗漏的语言成分需要消耗孩子的注意力和时间。遗漏类错误在儿童习得语言的早期是很常见的。

第二，儿童要处理委托类错误（errors of commission）。委托类错误所指的情况是，在交际中当儿童选用了错误的单词，大人在接下来的话轮中立刻给出正确的（如：大人为孩子提供正确的名词 *eel* "鳗鱼"来代替孩子错误地使用名词 *snake* "蛇"；或当孩子应该使用及物动词时，却错误地使用不及物动词 *fall*，此后大人立即说出正确的及物动词 *drop*）。还有的情况比如，当孩子将名词的复数形式过度规则化使用（像错误的形式 *mans*, *foots*, *sheeps*）时，在下一话轮他们会听到大人纠正并给予正确的规约形式（*men*, *feet*, *sheep*）；当孩子使用一个动词过去时的过度规则化形式（*breaked*, *bringed*, *digged*）时，大人会用正确的形式（*broke*, *brought* 和 *dug*）来替换。这些错误会随着孩子学习语言的加深而变得更加普遍。

错配为儿童对自己的话语做出有效的改变提供了一个重要的信息来源，从一开始，他们就对说话方式和身边的大人如何使用语言很敏感。用和他人同样的方式使用语言标志着他们同是一个社团的成员。遵守社团规范也是语言作为规约系统的一个特征。这对于学习任何规约系统都是必不可少的。这种对规约的遵守和对社团的归属后来会出现在学龄儿童身上，他们希望表明自己属于学校里某个特定的群体。这同样也适用于大人，比如他们用群内谈话和专门术语来表明自己是某个亚群体的一员，不管他们是水手、网球运动员、观鸟者、医生还是教师。总之，语言从社会的角度将人们联系起来，从而显示他们的社团成员身份。

当儿童遭受沟通不畅或经历主动的沟通失误时，错配也为他们有效地改变自己的言语提供了动力。大人可能听不懂孩子的话语（就像前面章节呈现的 1 岁 Brenda 的一些对话），或者可能误解孩子的某个特定的话语。为了弥补沟通中的误解或不畅，孩子常常需要改变原本的话语表达形式。简言之,儿童可以利用他们的"监测—修补"系统根据需要来改变自己的语言。儿童在交际中学会改变、调整自己的话语是语言习得过程中不可或缺的过程。这个过程是零零碎碎、断断续续发生的,偶尔伴随着暂时的泛化。随着孩子慢慢学着将所习得的语言要素组合在一起使用,他们就会逐渐识别聚合类中相关的语言形式和结构。

儿童习得第一语言需要什么?

上面谈到的"追踪、监测、修补、改变"这些机制在语言习得过程中是如何使用的?这至少需要三个因素。第一是**沉浸**(exposure),即要暴露在语言使用之中。孩子需要在一系列的语境和活动中听到目标语言,比如大人和孩子交谈,大人提出话题并接受孩子提供的话题,而且在对话中要跟进他们。这既能让孩子接触到语言,也能让他们观察到大人如何使用语言。

第二,当儿童在交际中发生遗漏类错误和委托类错误时,他们会从成人对话者的即时**反馈**(feedback)中获益。当大人接受或确认儿童话语的意思后,会在下一个话轮提供反馈。当这种反馈包含以规约方式重新表达孩子想要说的内容时,孩子可以立即当场将自己的错误表达与成人的规约表达进行比较,然后最终选择成人的表达方式。

> D (2;4.29,being carried): *don't fall me downstairs*!
> Father: Oh, I wouldn't **drop** you downstairs.

第三,孩子需要**练习**(practise)表达他们知道的东西,而且练习得越多越好,熟能生巧。沉浸、反馈和练习共同巩固了语言习得的过程。根据孩子想要表达的内容,在练习中,他们会注重用适当的言语行为和内容来表达他们的意图。他们会选用表达特定观点的词语。他们在语言操练中表达问候、描述活动、提出请求；他们会下达指令；他们与父母、照看者、同龄人或兄弟姐妹玩假扮游戏；他们讲故事。他们会致力于使用语言来构建自己的社会身份。在这些互动活动中，儿童记录下了人们在不同的角色中所使用的语言类型，以及性别和地位如何影响语言选择。他们还将学习如何讲笑话、制造双关语，以及必要时创造新词，还包括说话人每天要用语言做的无数事情。

学习一语和二语的差别是什么？

第一语言习得的研究对以后的第二语言学习有帮助吗？在某些方面确实如此。让我们从一些基本的比较开始：如果我们把从1岁到4岁学习第一语言所花在口头交际上的时间加起来，估计每天10个小时，我们就会得到以下结果：

习得第一语言

1 天 10 小时×7 天＝1 周 70 小时

1 周 70 小时×52 周＝1 年 3640 小时

从 1 岁到 4 岁，一共 **10920** 小时

将这 10000 多小时习得一语的时间和你在 20 岁时学习第二语言相比会如何呢？注意，这里学习第二语言的背景是不同的：(a)20 岁的人已经非常精通一门语言了，也就是母语；(b)这些第二语言学习者在课堂之外接触该语言是很少的；(c)他们练习使用第二语言的机会也很少；(d)他们在从更专业而熟练的第二语言使用者那里获得言语反馈时要学会如何处理语用限制。总的来说，第二语言学习者花在学习上的时间一般不到从 1 岁到 4 岁期间习得一语所花时间的 5%。

> **成年人学习第二或第三语言**
> 课堂上1天1小时,
> 再加1小时的语言实验室访问＝1周6小时
> 1周6小时共30周＝180小时(在学年内)
> 3年的语言学习课程＝**540小时**

在习得第一语言和成年后学习第二、第三或第四种语言之间还有其他的不同之处。首先,第一语言提供了在日常会话中广泛接触目标语言的机会,但对于第二语言的成人学习者来说,这种接触目标语言的机会要少得多,而且学习者在早期阶段通常每天只听到很少的目标语言。其次,成年二语学习者与他人一起练习目标语言的机会要少得多,无论是在理解方面还是在口语方面。再次,一语习得过程为习得者提供了很多来自专业而熟练的说话人的语言反馈机会,这些机会是幼儿在交际中尤为关注并且可以利用的。但对于后来学习第二语言的人来说,这种语言反馈实际上是缺失的,原因有二。其一,在二语学习的课堂上,每个老师一个班上通常有15到30个学生,一次只能处理一个口头错误。事实上,错误可能只是在课程结束时才被收集并列出,所以反馈可能会在每个特定错误发生很久之后才出现。但是,及时纠错并立刻反馈对学习语言来说才是最有效果的。其二,成人语言学习者在交谈中得到纠错性反馈时可能会觉得丢脸,这往往会限制母语者的反馈,所以只要他们认为自己已经理解了二语学习者所说的内容,一般都会避免去纠错。即使当他们被要求就错误提供反馈时,许多母语者也不愿意向成人二语学习者提供反馈。

最后,成年二语学习者已经很好地掌握了一门语言,所以他们已经对自己想要传达的信息有了一些想法:比较困难的是需要学习使用一套新的语言规约惯例来传递意欲表达的信息。因此,二语学习的基本背景与一语习得有着本质上的差别。

有趣的是，从1岁到4岁的儿童所花的时间很容易就达到了10000小时，这是任何形式的专业技能训练的基本时长，无论是体操、小提琴演奏还是国际象棋。第一语言的习得实际上可以被视为一种"专门技能"形式，因为它在语言理解和语言产出中要应用各种各样的语用技能。此外，随着年龄的增长（4岁之后），儿童会继续听到（和阅读）越来越复杂的语言使用形式。他们每天都在练习使用这门语言，并且不断地从错误中得到各种形式的反馈。

一次学习多种语言

在语言习得中，有另外一个常见的情况：如果儿童同时习得两种语言会是怎样的情形？他们要么从出生开始就接触两种语言，要么在头几年内接触第二种语言。总的来说，双语习得模式和单语习得模式是相似的，但也有一些差别。当孩子从父母一方听到一种语言，从另一方听到另一种语言时，他们听到的这每种语言的概率可能会比父母双方都使用一种语言的要少。然而，仔细比较单语儿童和双语儿童，我们会发现双语儿童在语言习得上并没有什么劣势。在13个月大的时候，同时接触荷兰语和法语的双语儿童甚至可能比只会一种语言的儿童理解更多的荷兰语词汇。在20个月大时，荷兰语单语儿童可能比双语儿童掌握更多的词汇（理解和产出的总和）。但研究人员没有发现在荷兰语的理解或产出方面存在组间差异。双语和单语儿童在开始组合词语、添加词形变化和语法性语素时所经历的一般阶段似乎也是一样的。他们在产出词语的过程中习得两种母语的语音，对两种母语的词法和句法的掌握也是如此。

社会环境对双语尤为重要。双语者很少会在他们遇到的每一种环境中都平等地使用这两种语言：他们通常在一些环境中使用一种语言，而在其他环境中使用另外一种（例如，作为成年双语者，在家或在工作中所使用的语言会不一样）。他们对语言的选择也取决于与他们互动交际的人或群体。因此，说话人对两种语言的使用会以略微不同的方式变得专门化，即使他们在每种语言的许多核心用法上显示出大量或完全的重合。除非孩子在双语环境中成长，否则他们接触一种语言的机会要比另一种语言更多。比如，当他们开始上学时，就会意识到社团里的大多数人只会说自己已经习得的双语中的一种。孩子对此的反应是不同的：有些孩子选择只说主流语言，但在家能很好地理解用另一种语言的交流；还有一些孩子会选择在家里使用一种语言，在学校使用另外一种；此外，有一些孩子则会根据不同受话人的语言使用来区分自己的语言选择。父母可以为双语儿童的语言使用做一些规划，但这并不总是可以预料的。为了保持双语的习得和使用，孩子需要多接触、练习这两种语言，并能在使用中获得双语的反馈，而且要尽可能多地和不同的说话人用双语交流，时间越长越好。

语言障碍和语言发展

一些研究者认为，我们可以识别影响语言习得过程的特定大脑区域，甚至是特定基因。他们认为，通过观察语言障碍人群，可以发现大脑中掌管语言的特定区域以及什么对语言发展是至关重要的。语言障碍表现出不同的缺陷。例如自闭症谱系中，高功能自闭症儿童表现出缺乏社交和语用技能的迹象。患有威廉姆斯综合征（Williams syndrome）的儿童虽然智力很低，但表面上似乎有良好的语言技能，可是仔细检视他们的语言后发现，会话互动中的许多社交线索并不能从中观察到。患有专门性语言障碍（Specific Language Impairment，SLI）的儿童在语言习得方面总体上滞后，但并非都是相同的。所有这些障碍都表现为语言习得的各种延迟和不完全。

我们能从语言障碍中推断出正常习得过程的本质是什么吗？这里的问题是，这些患有语言障碍的孩子，他们的总体发展从一开始就受到缺陷的影响。所以，他们的发展一直以来都不同于正常儿童所遵循的过程。我们一方面要更加了解大脑的发育和遗传的规律，另一方面还要对儿童非正常语言发展的模式以及任何可供依赖的补偿策略有更多了解。若这两方面都还没搞清楚，我们就不能假定语言障碍会为正常的语言发展过程提供解释。尽管一些研究者已经采取了这一立场，像语言先天主义者认为，遗传变异本身不影响特定语言范畴的习得，例如不会影响不规则动词屈折形式的学习，不会影响特定词汇领域的发展或导致某些语用技能的较晚发展(甚至没有发展)。然而，患有专门性语言障碍的儿童通常在早期发展中就会表现出这些问题。

为了发现语言习得的总体规律，我们至少要搞清楚如下三个问题：(a)有关先天(这里指基因、神经发育)如何与后天(孩子接触到的真实语言使用和得到的任何言语反馈)相互作用的详细阐释；(b)对语言的语音、形态、词汇、句法和语用等不同领域在语言正常发展中是如何共同工作的进行全面描述；(c)对儿童习得母语的每个子系统所需遵循的发展过程的描述，这可以通过正常情况与非正常情况的比较来进行。但是，目前我们还不知道上述三个方面的全部情况。

语言的共性

语言似乎以便于使用者处理(理解或是产出语言)的方式发生变化。比如，语言往往在语序上表现出一定的规律，许多语言几乎总是遵循主语——动词——宾语的顺序，像英语 *He will hit the ball* "他将要击球"，而另一些则遵循主语——宾语——动词的顺序，像荷兰语 *ik wil je helpen* "I want you to-help ＝ I want to help you'我想帮你'"。从跨语言的角度看,主动宾 SVO 和主宾动 SOV 是世界语言的两种主要语序类型。主语通常是有生命的施事,它在这两种顺序中都居首。主语、有生、施事、居首这些方面表现的一致性,使得交际双方能给听到的全新话语赋予初步的意义。比如,即便主语成分是全新的专有名词或不熟悉的普通名词,儿童依然能像大人一样,认为这个词有可能指的是有生的施事。而且,当这些语言的使用者偏离了常规语序时,他们通常会用重音或者某种特殊的语调曲拱来标记处在非常规位置的词或短语。

基本语序与相关语言中其他语法结构的顺序一致性相关联。试比较 VO 型语言和 OV 型语言中的一些语序模式:

VO 型语言(35％)	OV 型语言(44％)
动词+宾语	宾语+动词
助词+主要动词	主要动词+助词
前置词+名词	名词+后置词
名词+关系小句	关系小句+名词
名词+领有成分	领有成分+名词
名词+形容词	形容词+名词
名词+指示代词	指示代词+名词
名词+数词	数词+名词

上述语序的一致性使得说话人在处理听到的话和计划要说的话时,更容易了解哪些语言要素应该放在一起。一致性(agreement)也起着类似的作用,如形容词在性和数范畴上应与它所修饰的名词一致[例如:*le ballon vert* "the-masc(阳性) ball-masc green-masc = the green ball'绿色的球'",比较"绿色的房子"的表达:*la maison verte* "the-fem(阴性) house-fem green-fem = the green house"]。同样,动词在数和人称范畴上与主语一致(有时也在性范畴上一致),比如:<u>*le garçon il viendra en retard*</u> "the-masculine(阳性)-singular(单数)

boy-masculine-singular he-masculine-singular come-future-3person-singular late = the boy will come late'那个男孩要来迟了'"。有些语言在格标记上表现出一致性,就像性、数和人称范畴一样,因此提供了更多有关如何组建词语的信息,便于交际者理解和产出语言。

儿童在习得语言的时候,他们到多大才会开始关注并利用语序?这方面的证据尚不清楚。儿童在最早的词语组合中对语序的使用相当不一致,似乎是用语序来标记信息结构,如旧信息后跟随着新信息,而不是用来标记语法关系。但随着年龄的增长,他们会注意到形容词和名词的顺序,以及具有语序规律的语言中名词和关系小句的组合顺序。在4~5岁儿童的话语中,主语S与VO或OV的基本顺序一般都已经很好地建立起来了,同样建立的还有所有格与所有物、名词和指示词以及名词和数词的顺序。

在词汇领域,所有的语言都有空间维度的表达,如高度、宽度和距离。在英语里,这些空间维度通过成对的形容词来描述,如 $high-low$"高—矮/低"、$wide-narrow$"宽—窄"、$far-near$"远—近"等。在这成对的两个形容词中,第一个是沿着某个维度描写延伸范围,而第二个相对于某个标准缺乏延伸范围。因此,能描写延伸范围的形容词可以用在中性疑问句中($How\ high\ is\ that\ hill?$ "那座山有多高?")和度量短语中($That\ ladder\ is\ 2\ metres\ high$ "那个梯子有2米高"),而不能用于描写延伸范围的形容词,有时可以通过否定前缀 un- 和正向形容词构成的等价方式来表达,例如 un-$deep$"不深"或者 non-far"不远"。

这些用于编码空间维度的一般模式也出现在语言习得过程中。儿童很早就学会了一些表达空间维度的成对的形容词,在英语中 big"大"和 $small$"小"是最先学会的。一般来说,他们掌握表示延伸范围的积极形容词要早于和其相对的消极形容词。而且他们掌握意义较简单的形容词要早于意义更复杂、更特殊的形容词。

比如，儿童通常在学会 *high* 和 *low*（垂直幅度）或 *long*"长"和 *short* "短"（水平范围）之前就掌握了 *big* 和 *small*（普通尺寸）。在孩子掌握宽度和深度这样的第二维度的词语之前，他们已经掌握了高度和长度这样维度的词语：*wide*（第二维度，非垂直）和 *deep*（第二或第三维度，非垂直），如 *The table was 3 metres long and 1 metre wide* "这张桌子长 3 米，宽 1 米"或者 *The pool was 4 metres across and 1 metre deep* "这个泳池宽 4 米，深 1 米"，这里的 *long* 标志主要的、延伸的尺寸，而 *wide* 和 *deep* 标志次级维度。一般来说，儿童在学习与延伸范围义相对缺失的对应的词语之前，会先习得空间维度上表积极的、具有延伸范围义一端的词语。

这种习得模式被认为是建立在各种感知和概念不对称的基础上的，因此具有普遍性。例如，按照完型格式塔（Gestalt）术语，图形（figure）在感知上比背景（ground）更突显，就像对称图形比不对称的更显著。儿童谈论图形要先于背景，并且习得有关对称图形的词语要早一些。这两种效应都有感知基础。再看第二个例子，儿童在学会如何谈论几个成员之前，先学会说表示类别中单个成员的词语。可见，在这里，单数概念的表达是先习得的，复数的习得在其后。几乎所有的语言都是在单数名词后面添加一些成分变为复数名词，像英语的 *cat*－*cats*（"猫"的单复数）、*house*－*houses*（"房子"的单复数）。总的来说，儿童会自发地依靠已经建立的感知和概念模式：他们会在这些模式的基础上寻找意义并将其映射到语言形式上。

语言的差异取决于它们在多大程度上依赖于语序、格标记以及在话语中什么成分和什么成分具有相应的一致性。语言的差异还在于对某些领域进行分类的精细程度以及在此过程中使用了多少词语来称说（比如，不同语言中"大米"的说法）。并且，语言在如何包装词汇中所表达的意义要素上也有差异，例如，在位移动词中，不同的语言是否将位移与方式（如：*stroll* "散步、闲逛"、*gallop*

"飞奔、疾驰")或位移与方向(如:*enter*"进入"、*climb*"攀升")一起编码。此外,语言在如何表达静态位置(*The books are on the shelf* "那些书在书架上")和空间位移(*The kangaroo hopped onto the bank* "那只袋鼠跳到了岸上")上也可能有所不同。

  研究者将语言所表达的内容做了语义复杂性和形式复杂性的区分。虽然语义复杂性(基于根本的概念差异)在儿童习得第一语言时应该是相同的,但语言在形式复杂性上可能有很大的不同。有些语言是依靠语序来表达语法关系的,如主语、动词和宾语的相对顺序;另一些语言则依赖格标记来表达语法关系。在有些语言中,用于谈论位置和位移的词汇很精细复杂,不同动词的使用取决于被放置或移动的物体的属性;而其他语言中这个领域的词汇可能非常稀疏,或许只有一两个表示位置和位移的动词相对自由地使用。在有些语言中,关系小句可能特别难构造,因为它们必须用在所修饰的名词之前;而在其他语言中,关系小句则更容易构造,直接用在这些名词之后。对于儿童来说,后一种结构类型的习得要早一些。在一些语言中,复数形式很容易表达,几乎在所有的名词后加上拥有少量变体的单一词尾即可,如英语中的 *pups*("小狗"的复数)、*combs*("梳子"的复数)和 *purses*("手提包"的复数);而在其他语言中,复数标记可能随名词的类以及格的变化而变化。复数的表达也会随功能的变化而不同,比如是一组个体(*trees*,"树"的复数)还是一个集合(*forest* "森林"),并且有的语言的复数范畴有双数(两个事物)和三数(三个事物)词尾的分别。就英语而言,儿童通常在 3～4 岁时就已经掌握了常用的复数标记;但是在阿拉伯语中,儿童要多花 6～8 年的时间,直到 12 岁才能掌握完整的复数系统。

  形式复杂性主要是指不同的语言在具体结构和词形变化上表现的差异。儿童语言习得所遵循的路径很大程度上在于形式复杂性的作用。从另一方面来说,语义复杂性被认为在不同的语言中具有相当的可比性,无论何种语言,儿童在认知发展的相同年龄和阶段都要做出相关的概念区分。但是,将相关的语义信息映射为特定形式本身的含义时,这对儿童来说可能就很复杂,这使得某些语义域比其他的更容易掌握习得。

小结

语言从一开始就服务于社会交际和概念表达的目标。儿童沉浸在语言之中,是因为大人用语言和他们谈论正在发生的一切。儿童必须学会如何将语言映射到他们的世界,这样就能理解大人在谈论事件和活动时,在讨论穿衣、吃饭或洗澡时,以及在讲故事或读故事时所说的话。

习得第一语言取决于以下几个因素:为了找到语言中的词语并将它们储存在记忆中,儿童必须有规律性地分析言语流;他们需要追踪所发现的任何词语,并找出它们可能的意思,学会如何使用它们;他们需要监测自己所产出的话语是否与存储在记忆中的语言形式相违背;当监测到自己的言语产出和存储在记忆中的目标形式不匹配时,他们需要进行修补,将自己产出的话语改为更易于识别的形式。

儿童在语言习得过程中所遵循的一般路径反映了词语与感知和概念范畴的映射过程,即儿童在构建特定词语和表达所承载的意义时,是在逐渐将词汇映射到他们所使用的感知和概念范畴上。社会和认知因素在每种文化中相互作用,从而塑造儿童在一语习得中必须掌握的形式/意义关系。

参考资料和进阶阅读文献

参考书目

(a) 总体的、综合性参考资料，从互动交际视角研究儿童语言习得：

Clark, E. V. 2016. *First Language Acquisition* (3rd edn). Cambridge: Cambridge University Press.

(b) 从语言学研究的不同理论角度关注句法习得：

Ambridge, B., & Lieven, E. V. M. 2011. *Child Language Acquisition: Contrasting Theoretical Approaches*. Cambridge: Cambridge University Press.

(c) 关注语音习得：

Jusczyk, P. W. 2000. *The Discovery of Spoken Language*. Cambridge, MA: MIT Press.

Vihman, M. M. 2013. *Phonological Development: The First Two Years*. New York: John Wiley & Sons.

(d) 关注意义，尤其是词汇和词义习得：

Bloom, P. 2000. *How Children Learn the Meanings of Words*. Cambridge, MA: MIT Press.

Clark, E. V. 1993. *The Lexicon in Acquisition*. Cambridge: Cambridge University Press.

(e) 一些有用的语言习得发展研究的手册：

Bavin, E. L., & Naigles, L. R. (Eds.). 2015. *Cambridge Handbook of Child Language* (2nd edn). Cambridge: Cambridge University Press.

Genesee, F., Paradis, J., & Crago, M.B. (Eds.). 2004. *Dual Language Development and Disorders: A Handbook on Bilingualism and Second Language Learning*. Baltimore, MD: Paul H. Brookes Publishing.

Hoff, E., & Shatz, M. (Eds.). 2009. *Blackwell Handbook of Language Development*. London: Wiley-Blackwell.

MacWhinney, B., & O'Grady, W. (Eds.). 2015. *The Handbook of Language Emergence*. London: Wiley-Blackwell.

Slobin, D. I. (Ed.), 1985–1997. *The Crosslinguistic Study of Language Acquisition* (5 vols.). Hillsdale, NJ: Lawrence Erlbaum.

(f) 一份有关语言习得研究的参考书目清单：

Clark, E. V., 2016. Acquisition of language. Oxford Bibliographies Online. http://www.oxfordbibliographies.com/view/document/obo-9780199772810/obo-9780199772810-0002.xml

语料资源

CHILDES Archive（儿童语言语料交流系统）：儿童语言发展不同阶段的转写记录，其中一些带有视频和（或）音频，这些语料资源来自各种不同的语言。有关如何访问和使用该语料系统，以及其中各种语言的详细信息，请参看：

MacWhinney, B. 2000. *The CHILDES Project: Tools for Analyzing Talk* (3rd edn). Mahwah, NJ: Lawrence Erlbaum. http://childes.psy.cmu.edu/

每章拓展阅读文献

第1章　儿童是从哪里学会的第一语言？

Chouinard, M. M., & Clark, E. V. 2003. Adult reformulations of child errors as negative evidence. *Journal of Child Language* **30**, 637–669.

Clark, E. V. 2007. Young children's uptake of new words in conversation. *Language in Society* **36**, 157–182.

Clark, E. V. 2014. Pragmatics in acquisition. *Journal of Child Language* (40th anniversary issue, Supplement 1) **41**, 105–116.

Clark, E. V., & Estigarribia, B. 2011. Using speech and gesture to inform young children about unfamiliar word meanings. *Gesture* **11**, 1–23.

Clark, E. V., & Wong, A. D.-W. 2002. Pragmatic directions about language use: words and word meanings. *Language in Society* **31**, 181–212.

Fenson, L., Dale, P., Reznick, J. S., Bates, E., Thal, D. J., & Pethick, S. J. 1994. Variability in early communicative development. *Monographs of the Society for Research in Child Development* **54** (Serial No. 242).

Fletcher, P. 1985. *A Child's Learning of English*. Oxford: Basil Blackwell.

Greenfield, P. M., & Smith, J. H. 1976. *The Structure of Communication in Early Language Development*. New York: Academic Press.

Küntay, A., & Slobin, D. I. 1996. Listening to a Turkish mother: some puzzles for acquisition. In D. I. Slobin, J. Gerhardt, A. Kyratzis, & J. Guo (Eds.), *Social Interaction, Social Context, and Language: Essays in Honor of Susan Ervin Tripp* (pp. 265–296). Mahwah, NJ: Lawrence Erlbaum.

Olson, J., & Masur, E. F. 2011. Infants' gestures influence mothers' provision of object, action and internal state labels. *Journal of Child Language* **38**, 1028–1054.

Perra, O., & Gattis, M. (2012). Attention engagement in early infancy. *Infant Behavior and Development* **35**, 635–644.

Schieffelin, B. B. 1979. Getting it together: an ethnographic approach to the study of the development of communicative competence. In E. Ochs & B. B. Schieffelin (Eds.), *Developmental Pragmatics* (pp. 73–108). New York: Academic Press.

Scollon, R. 1976. *Conversations with a One Year Old*. Honolulu, HI: University of Hawai'i Press.

Shatz, M. 1979. How to do things by asking: form-function pairings in mothers' questions and their relation to children's responses. *Child Development* **50**, 1093–1099.

Snow, C. E. 1977. The development of conversation between mothers and babies. *Journal of Child Language* **4**, 1–22.

Snow, C. E., & Ferguson, C. A. (Eds.), 1974. *Talking to Children: Language Input and Acquisition*. Cambridge: Cambridge University Press.

Strapp, C. M. 1999. Mothers', fathers', and siblings' responses to children's language errors: comparing sources of negative evidence. *Journal of Child Language* **26**, 373–391.

第2章 辨认与产出词语

Berko, J., & Brown, R. 1960. Psycholinguistic research methods. In P. H. Mussen (Ed.), *Handbook of Research Methods in Child Development* (pp. 517–557). New York: John Wiley & Sons.

Casillas, M. A. 2014. Turn taking. In D. Matthews (Ed.), *Pragmatic Development* (pp. 53–70). Amsterdam: John Benjamins.

Clark, E. V., & Lindsey, K. L. 2015. Turn-taking: a case study of early gesture and word use in responses to WHERE and WHICH questions. *Frontiers in Psychology* **6**, article 890.

Dodd, B. 1975. Children's understanding of their own phonological forms. *Quarterly Journal of Experimental Psychology* **27**, 165–172.

Fernald, A., Perfors, A., & Marchman, V. A. 2006. Picking up speed in understanding: speech processing efficiency and vocabulary growth across the second year. *Developmental Psychology* **42**, 98–116.

Jakobson, R. 1968. *Child Language, Aphasia, and Phonological Universals*. The Hague: Mouton.

Jusczyk, P. W. 1997. *The Discovery of Spoken Language*. Cambridge, MA: MIT Press.

Kuhl, P. K., Conboy, B. T., Coffey-Corina, S., Padden, D., Rivera-Gaxiola, M., & Nelson, T. 2008. Phonetic learning as a pathway to language: new data and native language magnet theory expanded (NLM-e). *Philosophical Transactions of the Royal Society B* **363**, 979–1000.

Levelt, W. J. M. 1989. *Speaking: From Intention to Articulation*. Cambridge, MA: MIT Press.

Smith, N. V. 1973. *The Acquisition of Phonology: A Case Study*. Cambridge: Cambridge University Press.

Swingley, D., & Aslin, R. N. 2000. Spoken word recognition and lexical representation in very young children. *Cognition* **76**, 147–166.

Vihman, M. 1996. *Phonological Development: The Origins of Language in the Child*. Oxford: Blackwell.

Werker, J. F., & Lalonde, C. E. 1988. Cross-language speech perception: initial capabilities and developmental change. *Developmental Psychology* **24**, 672–683.

第3章 意义与词语的匹配

Bates, E., Camaioni, L., & Volterra, V. 1975. The acquisition of performatives prior to speech. *Merrill-Palmer Quarterly* **21**, 205–226.

Bowerman, M., & Choi, S. 2003. Space under construction: language-specific spatial categorization in first language acquisition. In D. Gentner & S. Goldin-Meadow (Eds.), *Language in Mind* (pp. 387–427). Cambridge, MA: MIT Press.

Bruner, J. S. 1975. The ontogenesis of speech acts. *Journal of Child Language* **2**, 1–20.

Bloom, P. 2000. *How Children Learn the Meanings of Words*. Cambridge, MA: MIT Press.

Clark, E. V. 1973. Non-linguistic strategies and the acquisition of word meanings. *Cognition* **2**, 161–182.

Clark, E. V. 1993. *The Lexicon in Acquisition*. Cambridge: Cambridge University Press.

Clark, E. V. 2007. Young children's uptake of new words in conversation. *Language in Society* **36**, 157–182.

Clark, E. V., & Estigarribia, B. 2011. Using speech and gesture to inform young children about unfamiliar word meanings. *Gesture* **11**, 1–23.

Fenson, L., Dale, P. S., Reznick, J. S., Bates, E., Thal, D. J., & Pethick, S. J. 1994. Variability in early communicative development. *Monographs of the Society for Research in Child Development* **59** (serial no. 242).

Horst, J. S., Parsons, K. L., & Bryan, N. M. 2011. Get the story straight: contextual repetition promotes word learning from storybooks. *Frontiers in Psychology* **2**, article 17.

Horst, J. S., & Samuelson, L. K. 2008. Fast mapping but poor retention by 24-month-old infants. *Infancy* **13**, 128–157.

Matthews, D., Butcher, J., Lieven, E., & Tomasello, M. 2012. Two- and four-year-olds learn to adapt referring expressions to context: effects of distracters and feedback on referential communication. *Topics in Cognitive Science* **4**, 184–210.

Roy, B. C., Frank, M. C., & Roy, D. 2012. Relating activity contexts to early word learning in dense longitudinal data. *Proceedings of the 34th Annual Meeting of the Cognitive Science Society*, Sapporo, Japan.

第4章 语言的使用

Bornstein, M., Putnick, D. L., Cote, L. R., Haynes, O. M., & Suwalsky, J. T. D. 2015. Mother-infant contingent vocalizations in 11 countries. *Psychological Science* **26**, 1272–1284.

Casillas, M. C. 2014. Taking the floor on time: delay and deferral in children's turn taking. In I. Arnon, M. Casillas, C. Kurumada, & B. Estigarribia (Eds.), *Language in Interaction: Studies in Honor of Eve V. Clark* (pp. 101–114). Amsterdam: John Benjamins.

Casillas, M. C., Bobb, S. B., & Clark, E. V. 2016. Turn taking, timing, and planning in early language acquisition. *Journal of Child Language* **43**, 1310–1337.

Chouinard, M. M., & Clark, E. V. 2003. Adult reformulations of child errors as negative evidence. *Journal of Child Language* **30**, 637–669.

Clark, E. V. 1987. The principle of contrast: a constraint on language acquisition. In B. MacWhinney (Ed.), *Mechanisms of Language Acquisition* (pp. 1–33). Hillsdale, NJ: Lawrence Erlbaum.

Clark, E. V. 1990. On the pragmatics of contrast. *Journal of Child Language* **17**, 417–431.

Clark, E. V. 1993. *The Lexicon in Acquisition*. Cambridge: Cambridge University Press.

Clark, E. V. 2007. Young children's uptake of new words in conversation. *Language in Society* **36**, 157–182.

Clark, E. V. 2010. Adult offer, word-class, and child uptake in early lexical acquisition. *First Language* **30**, 250–269.

Clark, E. V. 2015. Common ground. In B. MacWhinney & W. O'Grady (Eds.), *The Handbook of Language Emergence* (pp. 328–353). London: Wiley-Blackwell.

Clark, E. V., & Bernicot, J. 2008. Repetition as ratification: how parents and children place information in common ground. *Journal of Child Language* **35**, 349–371.

Clark, E. V., & Estigarribia, B. 2011. Using speech and gesture to introduce new objects to young children. *Gesture* **11**, 1–23.

Clark, E. V., & Lindsey, K. L. 2015. Turn-taking: a case study of early gesture and word use in answering WHERE and WHICH questions. *Frontiers in Psychology* **6**, article 890.

Clark, H. H. 1996. *Using Language*. Cambridge: Cambridge University Press.

Flom, R., & Pick, A. D. 2003. Verbal encouragement and joint attention in 18-month-olds. *Infant Behavior and Development* **26**, 121–134.

Forrester, M. 2013. Mutual adaptation in parent-child interaction: learning how to produce questions and answers. *Interaction Studies* **14**, 190–211.

Grice, H. P. 1989. *Studies in the Way of Words*. Cambridge, MA: Harvard University Press.

Hillbrink, E. E., Gattis, M., & Levinson, S. C. 2015. Early developmental changes in the timing of turn-taking: a longitudinal study of mother-infant interaction. *Frontiers in Psychology* **6**, article 1492.

Karmiloff-Smith, A. 1981. The grammatical marking of thematic structure in the development of language production. In W. Deutsch (Ed.), *The Child's Construction of Language* (pp. 121–147). London: Academic Press.

Katsos, N., & Bishop, D. V. M. 2011. Pragmatic tolerance: implications for the acquisition of informativeness and implicature. *Cognition* **120**, 67–81.

Papafragou, A., & Tantalou, N. 2004. The computation of implicatures by young children. *Language Acquisition* **12**, 71–82.

Scollon, R. 1976. *Conversations with a One Year Old*. Honolulu, HI: University of Hawai'i Press.

Snow, C. E. 1978. The conversational context of language acquisition. In R. N. Campbell & P. T. Smith (Eds.), *Recent Advances in the Psychology of Language* (pp. 253–269). London: Plenum.

Stivers, T., Enfield, N. J., Brown, P., Englert, C., Hayashi, M., Heinemann, T., Hoymann, G., Rossano, F., de Ruiter, J.-P., Yoon, K.-E., & Levinson, S. C. 2009. Universals and cultural variation in turn-taking in conversation. *Proceedings of the National Academy of Sciences* **106**, 10587–10592.

Yurovsky, D., Smith, L. B., & Yu, C. 2013. Statistical word learning at scale: the baby's view is better. *Developmental Science* **16**, 959–966.

第5章 早期语法结构

Abbot-Smith, K., & Tomasello, M. 2006. Exemplar-learning and schematization in a usage-based account of syntactic acquisition. *The Linguistic Review* **23**, 275–290.

Antinucci, F., & Miller, R. 1976. How children talk about what happened. *Journal of Child Language* **3**, 167–189.

Arnon, I., & Clark, E. V. 2011. Why 'Brush your teeth' is better than 'Teeth': children's word production is facilitated in familiar sentence-frames. *Language Learning and Development* **7**, 107–129.

Bannard, C., & Matthews, D. 2008. Stored word sequences in language learning. *Psychological Science* **19**, 241–248.

Bloom, L., Lifter, K., & Hafitz, J. 1980. Semantics of verbs and the development of verb inflection in child language. *Language* **56**, 386–412.

Clark, E. V. 1996. Early verbs, event-types, and inflections. In C. E. Johnson & J. H. V. Gilbert (Eds.), *Children s Language*, vol. 9 (pp. 61–73). Mahwah, NJ: Erlbaum.

Clark, E. V., & de Marneffe, M.-C. 2012. Constructing verb paradigms in French: adult construals and emerging grammatical contrasts. *Morphology* **22**, 89–120.

Huttenlocher, J., Smiley, P., & Charney, R. 1983. Emergence of action categories in the child: evidence from verb meanings. *Psychological Review* **90**, 72–93.

Lieven, E., Pine, J. M., & Baldwin, G. 1997. Lexically-based learning and early grammatical development. *Journal of Child Language* **24**, 187–219.

Lieven, E., Salomo, D., & Tomasello, M. 2009. Two-year-old children's production of multiword utterances: a usage-based analysis. *Cognitive Linguistics* **20**, 481–507.

Messenger, K., Yuan, S., & Fisher, C. 2015. Learning verb syntax via listening: new evidence from 22-month-olds. *Language Learning and Development* **11**, 356–368.

Seva, N., Kempe, V., Brooks, P. J., Mironova, N., Pershukova, A., & Fedorova, O. 2007. Crosslinguistic evidence for the diminutive advantage: gender agreement in Russian and Serbian children. *Journal of Child Language* **34**, 111–131.

Slobin, D. I. (Ed.). 1985–1997. *The Crosslinguistic Study of Language Acquisition* (5 vols.). Hillsdale, NJ/Mahwah, NJ: Lawrence Erlbaum.

Smoczynska, M. 1985. The acquisition of Polish. In D. I. Slobin (Ed.), *The Crosslinguistic Study of Language Acquisition*, vol. 1 (pp. 595–686). Hillsdale, NJ: Lawrence Erlbaum.

Veneziano, E., & Clark, E. V. 2016. Early verb constructions in French: adjacency on the Left Edge. *Journal of Child Language* **43**, 1193–1230.

第6章 更复杂的语法结构

Ambridge, B., & Lieven, E. V. M. 2011. *Child Language Acquisition: Contrasting Theoretical Approaches*. Cambridge: Cambridge University Press.

Barner, D., Brooks, N., & Bale, A. 2011. Accessing the unsaid: the role of scalar alternatives in children's pragmatic inference. *Cognition* **118**, 84–93.

Bowerman, M. 1982. Evaluating competing linguistic models with language acquisition data: implications of developmental errors with causative verbs. *Quaderni di Semantici* **3**, 5–66.

Bowerman, M. 1986. First steps in acquiring conditionals. In E. C. Traugott, A. ter Meulen, J. S. Reilly, & C. A. Ferguson (Eds.), *On Conditionals* (pp. 285–307). Cambridge: Cambridge University Press.

Clark, E. V. 1971. On the acquisition of the meaning of before and after. *Journal of Verbal Learning and Verbal Behavior* **10**, 266–275.

Clark, E. V. 1982. The young word-maker: a case study of innovation in the child's lexicon. In E. Wanner & L. R. Gleitman (Eds.), *Language Acquisition: The State of the Art* (pp. 390–425). Cambridge: Cambridge University Press.

Clark, E. V., & Carpenter, K. L. 1989. The notion of source in language acquisition. *Language* **65**, 1–30.

Clark, E. V., & Nikitina, T. 2009. One vs. more than one: antecedents to plurality in early language acquisition. *Linguistics* **47**, 103–139.

Drozd, K. F. 1995. Child English pre-sentential negation as metalinguistic exclamatory sentence negation. *Journal of Child Language* **22**, 583–610.

Ervin-Tripp, S. 1970. Discourse agreement: how children answer questions. In J. R. Hayes (Ed.), *Cognition and the Development of Language* (pp. 79–107). New York: John Wiley & Sons.

Estigarribia, B. 2010. Facilitation by variation: right-to-left learning of English yes/no questions. *Cognitive Science* **34**, 68–93.

Goodman, J. C., McDonough, L., & Brown, N. B. 1998. The role of semantic context and memory in the acquisition of novel nouns. *Child Development* **69**, 1330–1344.

Johnson, C. E. 2000. What you see is what you get: the importance of transcription for interpreting children's morphosyntactic development. In L. Menn & N. Bernstein Ratner (Eds.), *Methods for Studying Language Production* (pp. 181–204). Mahwah, NJ: Lawrence Erlbaum.

Katsos, N., & Bishop, D. V. M. 2011. Pragmatic tolerance: implications for the acquisition of informativeness and implicature. *Cognition* **120**, 67–81.

Klima, E. S., & Bellugi, U. 1966. Syntactic regularities in the speech of children. In J. Lyons & R. J. Wales (Eds.), *Psycholinguistics Papers* (pp. 183–208). Edinburgh: University of Edinburgh Press.

Lakusta, L., & Landau, B. 2005. Starting at the end: the importance of goals in spatial language. *Cognition* **96**, 1–33.

Papafragou, A., & Skordos, D. 2016. Scalar implicature. In J. Lidz, W. Snyder, & J. Pater (Eds.), *The Oxford Handbook of Developmental Linguistics* (pp. 611–629). Oxford: Oxford University Press.

第7章 进行会话互动

Andersen, E. S. 1990. *Speaking with Style: The Sociolinguistic Skills of Children*. London: Routledge.

Axia, G. 1996. How to persuade mum to buy a toy. *First Language* **16**, 301–317.

Bretherton, I. 1989. Pretense: the form and function of make-believe play. *Developmental Review* **9**, 383–401.

Casillas, M., Bobb, S. C., & Clark, E. V. 2016. Turn taking, timing, and planning in early language acquisition. *Journal of Child Language* **43**, 1310–1337.

Clark, E. V. 2015. Common ground. In B. MacWhinney & W. O'Grady (Eds.), *Handbook of Language Emergence* (pp. 328–353). London: Wiley-Blackwell.

Clark, E. V., & Lindsey, K. L. 2015. Turn-taking: a case study of early gesture and word use in answering WHERE and WHICH questions. *Frontiers in Psychology* **6**, article 890.

Dunn, J., & Dale, N. 1984. I a daddy: two-year-olds' collaboration in joint pretend play with sibling and with mother. In I. Bretherton (Ed.), *Symbolic play: The Development of Social Understanding* (pp. 131–158). New York: Academic Press.

Ervin-Tripp, S. 1979. Children's verbal turn-taking. In E. Ochs & B. B. Schieffelin (Eds.), *Developmental Pragmatics* (pp. 391–414). New York: Academic Press.

Garvey, C., & Kramer, T. L. 1989. The language of social pretend play. *Developmental Review* **9**, 364–382.

Kaper, W. 1980. The use of the past tense in games of pretend. *Journal of Child Language* **7**, 213–215.

Lammertink, I., Casillas, M., Benders, T., Post, B., & Fikkert, P. 2015. Dutch and English toddlers' use of linguistic cues in predicting upcoming turn transitions. *Frontiers in Psychology* **6**, article 495.

Martlew, M., Connolly, K., & McCleod, C. 1978. Language use, role, and context in a five-year-old. *Journal of Child Language* **5**, 81–99.

Reed, B. K., & Cherry, L. J. 1978. Preschool children's production of directive forms. *Discourse Processes* **1**, 233–245.

Sachs, J., & Devin, J. 1976. Young children's use of age-appropriate speech styles in social interaction and role playing. *Journal of Child Language* **3**, 81–98.

Sawyer, R. K. 1997. *Pretend Play as Improvisation*. Mahwah, NJ: Lawrence Erlbaum.

Scollon, R. 1976. *Conversations with a One Year Old*. Honolulu, HI: University of Hawai'i Press.

第8章 视角、视点和角色扮声

Andersen, E. S. 1990. *Speaking with Style: The Sociolinguistic Skills of Children*. London: Routledge.

Berman, R. A., & Slobin, D. I. 1994. *Relating Events in Narrative: A Crosslinguistic Developmental Study*. Hillsdale, NJ: Lawrence Erlbaum.

Callanan, M. A., & Sabbagh, M. A. 2004. Multiple labels for objects in conversations with young children: parents' language and children's developing expectations about word meanings. *Developmental Psychology* **40**, 746–763.

Chandler, M. J., Fritz, A. S., & Hala, S. M. 1989. Small-scale deceit: deception as a marker of two-, three- and four-years-olds' early theories of mind. *Child Development* **60**, 1263–1277.

Clark, E. V. 1997. Conceptual perspective and lexical choice in acquisition. *Cognition* **64**, 1–37.

Clark. E. V., & Grossman, J. B. 1998. Pragmatic directions and children's word learning. *Journal of Child Language* **25**, 1–18.

Clark, E. V., & Svaib, T. A. 1997. Speaker perspective and reference in young children. *First Language* **17**, 57–74.

Ferguson, H. J., Apperly, I., Ahmad, J., Bindemann, M., & Cane, J. 2015. Task constraints distinguish perspective inferences from perspective use during discourse interpretation in a false belief task. *Cognition* **139**, 50–70.

Garvey, C. 1975. Requests and responses in children's speech. *Journal of Child Language* **2**, 41–63.

Hoicka, E., & Akhtar, N. 2012. Early humour production. *British Journal of Developmental Psychology* **30**, 586–603.

Nardy, A., Chevrot, J.-P., & Barbu, S. 2014. Sociolinguistic convergence and social interactions within a group of preschoolers: a longitudinal study. *Language Variation and Change* **26**, 273–301.

O'Neill, D. K. 1996. Two-year-old children's sensitivity to a parent's knowledge state when making requests. *Child Development* **67**, 659–677.

Rubio-Fernández, P., & Geurts, B. How to pass the false-belief task before your fourth birthday. *Psychological Science* **24**, 27–33.

Sawyer, R. K. 1997. *Pretend Play as Improvisation*. Mahwah, NJ: Lawrence Erlbaum.

Shatz, M., & Gelman, R. 1973. The development of communication skills: modifications in the speech of young children as a function of listener. *Monographs of the Society for Research in Child Development*, vol. **38** [serial no. 152].

Slobin, D. I. 2014. From speech to others to speech for self: a case study of 'externalized drama'. In I. Arnon, M. Casillas, C. Kurumada, & B. Estigarribia (Eds.), *Language in Interaction: Studies in Honor of Eve V. Clark* (pp. 315–331). Amsterdam: John Benjamins.

Weissenborn, J. 1986. Learning how to become an interlocutor: the verbal negotiation of common frames of reference and actions in dyads of seven- to fourteen-year-old children. In J. Cook-Gumperz, W. A. Corsaro, & J. Streek (Eds.), *Children's Worlds and Children's Language* (pp. 377–404). Berlin: De Gruyter.

第9章　一次学习多种语言

Bialystok, E. 2001. *Bilingualism in Development: Language, Literacy, and Cognition*. Cambridge: Cambridge University Press.

Catone, K. F. 2007. *Code-switching in Bilingual Children*. Dordrecht: Springer.

Cenoz, J., & Genesee, F. (Eds.). 2001. *Trends in Bilingual Acquisition*. Amsterdam: John Benjamins.

De Houwer, A. 2009. *Bilingual First Language Acquisition*. Bristol: Multilingual Matters.

De Houwer, A., Bornstein, M., & Putnick, D. 2014. A bilingual-monolingual comparison of young children's vocabulary size: evidence from comprehension and production. *Applied Psycholinguistics* **35**, 1189–1211.

Genesee, F., & Nicoladis, E. 2007. Bilingual first language acquisition. In E. Hoff & M. Shatz (Eds.), *Handbook of Language Development* (pp.324–342). Oxford: Blackwell.

Grosjean, F. 1982. *Life with Two Languages: An Introduction to Bilingualism*. Cambridge, MA: Harvard University Press.

Grüter, T., & Paradis, J. (Eds.). 2014. *Input and Experience in Bilingual Development*. Amsterdam: John Benjamins.

Hakuta, K. 1986. *Mirror of Language: The Debate on Bilingualism*. New York: Basic Books.

Jisa, H. 2000. Language mixing in the weak language: evidence from two children. *Journal of Pragmatics* **32**,1363–1386.

Lanza, E. 2004. *Language Mixing in Infant Bilingualism: A Sociolinguistic Perspective*. Oxford: Oxford University Press.

Taeschner, T. 2012. *The Sun Is Feminine* (first published 1983). Berlin: Springer.

Weber, J.-J., & Horner, K. 2013. *Introducing Multilingualism: A Social Approach*. London: Routledge.

Yip, V., & Matthews, S. 2007. *The Bilingual Child: Early Development and Language Contact*. Cambridge: Cambridge University Press.

第10章 语言习得过程

Bowerman, M. 2012. *Ten Lectures on Language, Cognition, and Language Acquisition*. Beijing: Foreign Language Teaching & Research Press.

Chouinard, M. M., & Clark, E. V. 2003. Adult reformulations of child errors as negative evidence. *Journal of Child Language* **30**, 637–669.

Clark, E. V. 2001. Emergent categories in first language acquisition. In M. Bowerman & S. C. Levinson (Eds.), *Language Acquisition and Conceptual Development* (pp. 379–405). Cambridge: Cambridge University Press.

Clark, E. V. 2003. Languages and representations. In D. Gentner & S. Goldin-Meadow (Eds.), *Language in Mind* (pp. 17–24). Cambridge, MA: MIT Press.

Clark, E. V. 2016. *First Language Acquisition* (3rd edition). Cambridge: Cambridge University Press.

Clark, E. V., & Hecht, B. F. 1983. Comprehension, production, and language acquisition. *Annual Review of Psychology* **34**, 325–349.

Clark, E. V., & de Marneffe, M.-C. 2012. Constructing verb paradigms in French: adult construals and emerging grammatical contrasts. *Morphology* **22**, 89–120.

Clark, H. H. 1996. *Using Language*. Cambridge: Cambridge University Press.

Enfield, N. J., & Levinson, S. C. 2006. *Roots of Human Sociality*. New York: Berg.

Greenberg, J. H. 1966. *Language Universals*. Amsterdam: Mouton.

Karmiloff-Smith, A. 1998. Development itself is the key to understanding developmental disorders. *Trends in Cognitive Sciences* **2**, 389–398.

Levelt, W. J. M. 1989. *Speaking: From Intention to Articulation*. Cambridge, MA: MIT Press.

Moravcsik, E. A. 2013. *Introducing Language Typology*. Cambridge: Cambridge University Press.

Ortega, L. 2014. *Understanding Second Language Acquisition*. London: Routledge.

Slobin, D. S. (Ed.), 1985–1997. *The Crosslinguistic Study of Language Acquisition* (5 vols.). Hillsdale, NJ/Mahwah, NJ: Lawrence Erlbaum.

关键词索引

Acquisition 习得
　　process 过程 156－160
　　setting 场景 5－22
　　参看:Interaction 互动

Bilingualism 双语 142

Causation 致使 100－103
Chunks, unanalyzed 词块,尚未分析的（词块）32
Code-switching 语码转换 146－149
Collaboration in conversation 会话互动中的合作 63－65,106－117
Common ground 共同背景 62－64,110－113
　　参看:Grounding 铺垫
Complexity 复杂性 134－138,151－154
Conditionals 条件句 103－105
Co-presence 共现
　　physical 物理（同现）20－21
　　conversational 会话（共现）20－21
Conversation 会话 106－110

Directions and instructions 指令 138－140
Discriminating sounds 辨别声音 26－27
Disorders of language 语言障碍 166－167
Doublets 成对词 143－145

Errors 错误
　　omission 遗漏类（错误）,commission 委托类（错误）160－162
Expansions 扩展 13

Fast mapping 速配 44－46
Feedback 反馈 16－19,110－113,160－162
First vs. second language 第一与第二语言 163－165
Formulaic utterances 公式化的话语 74－76
　　参看:Routines 日常表达

Given and new 旧信息与新信息 67－69,113－117
Grammatical elements 语法成分 76－80

gender 性范畴 82—84

plural 复数 93—96

Grounding 铺垫 67—69,110—113

Intended meaning 意欲表达之意 69—70

Interaction 互动 5—8,106—110

Joint attention 共同关注 20—21

Language choice 语言选择 150—151

Lexical domains 词汇域 49—51

参看：Semantic fields 语义场

Meaning 意义 40

words 词汇（意义）44—48

constructions 语法结构（意义）53—54

inferences about（意义的）推断 47,53—54,58,69—70

Mixing 语言混合 146—149

参看：Code-switching 语码转换

Modifications in adult speech 成人交谈方式的改变 8—11

Negation 否定 90—91

Nouns 名词

参看：Word classes 词类

Noun phrases 名词短语

modified 被修饰的（名词短语）91—93

Number and quantification 数词和量化表达 93—96

Offers of new words 新词语的提供 13—16

Perception of sounds 声音的感知 24—25

Perspective 视角 118

lexical 词汇（视角）125—128

constructional 语法结构（视角）125—128

参看：Viewpoint 视点，Voice 扮声

Place and time 地点和时间 97—99

参看：Semantic fields 语义场

Play and reality 游戏扮演与现实 117—122

Practice 练习 35—37

Pragmatic principles 语用原则 60—62

Cooperative principles 合作原则 60

Conventionality 规约性 60—62

Contrast 对比性 60—62

参看：Common ground 共同背景，Grounding 铺垫，Scaffolding"搭脚手架"

Questions 问句 19—20,87—90,157—158

Wh 特殊疑问句 20,88—89

Yes/no 是非疑问句 19,87—88

Reference and referential expressions 指称和指称表达 40－43, 54－57

Routines 日常表达 26－27, 32, 74－75

Scaffolding "搭脚手架" 11－12, 64－65

Semantic fields 语义场 15－16, 41－43, 49－52, 144

    space 空间, motion 位移, goal 目标, source 来源 51－52

Speech acts 言语行为 53

Stages in acquisition 语言习得的阶段 1－3

Taking turns 转换话轮 37－38, 65－66

    turn timing 话轮转换时机 114－117

Telling stories 讲述故事 134－138

Universals of language 语言的共性 167－172

Viewpoint 视点 128－130

参看: Perspective 视角

Verbs 动词

    参看: Word classes 词类

Vocabulary 词汇 48－49

    size(词汇)规模 145－146

    two vocabularies 两套词汇系统, doublets 成对词 143－145

Voice 扮声 130－134

    roles 角色, identities 身份 130－134

Word classes 词类

    nouns 名词 82－84

    verbs 动词 80－82

Word form 词语形式

    adult vs. child 成人的(词语形式)与儿童的(词语形式) 30－32, 32－35

Word production 词语产出 32－35

Word recognition 词语辨认 23－24, 27－30

译后记

翻译 Eve V. Clark 教授的《儿童的语言》这部著作纯属偶然。我是先熟悉她先生 Herbert H. Clark 教授的一系列心理语言学研究的。大概是 2018 年的一天,我读到她先生在庆祝她生日的祝寿文集中的一篇关于儿童语言习得的论文《如何与儿童说话》①,之后才慢慢开始阅读学习 Eve V. Clark 教授的儿童语言学研究著述。我完整地精读过 Eve V. Clark 教授的两部著作:一本是剑桥大学出版社的语言学系列教材之一《一语习得》②,另一本就是这部著作。我们选择了后者来翻译。

这七年来,我在本科生一年级新生的学科通修课上讲授语言学知识。我的教学大纲中有一个单元是儿童语言学,Eve V. Clark 教授的这两部著作一直是我们师生阅读讨论的参考文献。尤其是我们翻译的这部,它是一本短小精炼的儿童语言学入门书籍,很适合本科生阅读思考。这部译著的第二作者曹华承是我当时指导的优秀本科生,我邀约他合作翻译此书时,他还是一名大四的学生,现在已经是一位具备丰富语言学知识的英国伦敦大学学院语言学系的在读博士研究生。这本著作一共十章,我们每人负责翻译五章,之后各自校对对方的译稿,遇到问题我们及时讨论修

---

① Clark, Herbert H. (2014) How to talk with children. In Inbal Arnon, Marisa Casillas, Chigusa Kurumada and Bruno Estigarribia (Eds.) *Language in Interaction: Studies in Honor of Eve V. Clark*. 333—352. Amsterdam: John Benjamins.

② Clark, Eve V. (2016) *First Language Acquisition* (Third edition). Cambridge: Cambridge University Press.

改,整个合作翻译的过程十分顺利,也十分愉快。

2020年至2023年我在长期追踪一对龙凤双胞胎的语言发展情况,连着三年每个月都请孩子的家长采集双胞胎的互动视频3~4次。当时我是边读 Eve V. Clark 教授的著作,边观看家长定期发来的孩子互动视频。另外,我2011年至2013年在中国社会科学院语言研究所儿童语言研究重点实验室从事汉语儿童词类习得感知实验的博后科研工作。在那两年间,我的合作导师沈家煊先生,还有实验室的李爱军老师和高军老师,在语言学理论方法与实践、儿童语言学实验设计与操作等方面给予了我很多宝贵、无私的指导,由此自己也积累了一点与儿童语言学研究的相关知识。

所以,当翻译完这本书之后,我越来越深刻地认识到这本书的价值和原著作者在儿童语言学领域所做贡献的重要性。于是我又一次试着联系北京大学出版社的崔蕊编辑,表达了我们想要出版这部译著的意愿(虽然翻译之初没有想到要出版),也说明了我们没有出版经费的窘境。后来在崔蕊编辑的帮助下,我们顺利通过了出版社的选题论证会,正式将这本译著的出版提上日程。非常感谢崔蕊编辑不遗余力地帮助我们,感谢评审专家对译稿给予的肯定和修改意见,感谢董秀芳老师对翻译工作的鼓励,感谢母校出版社的无私帮助。

这本著作翻译校对完之后,我第一时间想到的就是请中国社会科学院语言研究所儿童语言研究重点实验室的李爱军老师和高军老师为译著作序,她们两位欣然答应。两位老师在精彩的序言中对译著内容做了精当的评介。令我颇为受益的是,她们还极富前瞻性地对儿童语言发展研究领域进行了严肃的学术思考和展望。我相信每位读者也都能从中获益。李老师通读完译著后还帮我们指出了翻译上的不当之处,避免了一些失误。二位老师是国内儿童语言学研究领域的辛勤耕耘者,我很高兴在自己的学习和研究历程中能有幸得到她们的指导和帮助。

最后要表达的是,这本译著肯定还遗留了一些翻译上的问题,也恳请读者为我们指出,我们一定虚心接受并改正。另外,原著中所有的儿童语言用例我们都未翻译成汉语,这是因为处于发展阶段的儿童语言很多时候不宜翻译成"顺畅"的成人话语,否则就改变了儿童语言用例的原貌。还想说的是,翻译工作很辛苦,但也请有能力的读者不要忘记阅读原著。

乐　耀
2024 年 8 月于厦门大学联兴楼